Sammlung Göschen Band 228

Landwirtschaftliche Tierzucht

Die Züchtung und Haltung der landwirtschaftlichen Nutztiere

Von

Professor Dr. H. Vogel

Mit 11 Abbildungen

Walter de Gruyter & Co.

vormals G. J. Göschen'sche Verlagshandlung / J. Guttentag, Verlagsbuchhandlung / Georg Reimer / Karl J. Trübner / Veit & Comp.

Berlin 1952

Archiv-Nr. 11 02 28
Druck von Thormann & Goetsch, Berlin SW 61
Printed in Germany

Inhalt

Seite

Schrifttum

Goldschmidt, R., Einführung in die Vererbungswissenschaft, 3. Auflage, Leipzig 1933.
Krallinger, H. F., Angewandte Vererbungslehre für Tierzüchter, Stuttgart 1937.
Kronacher, C., Allgemeine Tierzucht, 3. Abtlg.: Der Artbegriff und die Wege der Artbildung; die Rassen, 2. Aufl., Berlin 1922.
— 4. Abtlg.: Die Züchtung, 2. Auflage, Berlin 1921.
Kühn, A., Grundriß der Vererbungslehre, Leipzig 1939.
Nachtsheim, H., Vom Wildtier zum Haustier, 2. Aufl. Berlin und Hamburg 1949.
Reinöhl, F., Tierzüchtung. Bedeutung, Ziele und Erfolge der Tierzüchtung, Stuttgart 1938.
Schmidt, von Patow und Kliesch, Züchtung, Ernährung und Haltung der landwirtschaftlichen Haustiere. Allgemeiner Teil, 5. Auflage, Berlin und Hamburg 1950.
Besonderer Teil, 5. Auflage, Berlin und Hamburg 1950.
Vogel, H., Untersuchungen über die Zuverlässigkeit der Milchleistungskontrolle, Zeitschrift für Tierzüchtung und Züchtungsbiologie, 22. Band, Berlin 1931.

Erläuterung von Fachausdrücken

Aberdeen Angus-Rind	= eine der besten englischen Fleisch-Rinderrassen
eineiige Zwillinge	= Zwillinge, die aus einer befruchteten Eizelle hervorgegangen sind und daher in allen Erbanlagen übereinstimmen
Erbanalyse	= Feststellung des Verhaltens von Erbanlagen im Erbgang
Gelbkörper	= entsteht aus dem Graafschen Follikel nach der Eiabstoßung und verhindert nach erfolgter Befruchtung weitere Befruchtungen von Eiern
Gen	= Erbfaktor, Erbanlage
Genetik	= Vererbungslehre
genetisch	= die Vererbung betreffend
Genotyp	= Erbbild, Summe der Erbanlagen
genotypisch	= die Erbanlagen (Gene) betreffend
Geschlechtsdimorphismus	= durch das Geschlecht bedingte gestaltliche Verschiedenheit
Graaf'scher Follikel	= Bläschen in den Eierstöcken, welche die Eizellen enthalten
Jersey-Rind	= eine von der englischen Kanalinsel Jersey stammende, in England und Nordamerika verbreitete ausgesprochene Milch-Rinderrasse
Phänotyp	= äußere Erscheinungsform
phänotypisch	= die äußere Erscheinungsform betreffend
Shorthorn-Rind	= eine in England und in mehreren anderen europäischen Ländern sowie in Nord- und Südamerika und Asien verbreitete erstklassige Fleisch-Rinderrasse
Zwischenkalbezeit	= Zeitspanne zwischen zwei aufeinanderfolgenden Geburten der Kuh.

I. Volks- und privatwirtschaftliche Bedeutung der Haustierhaltung

Der Haltung und Züchtung der landwirtschaftlichen Haustiere kommt im Wirtschaftsleben der Völker und im besonderen Deutschlands eine große Bedeutung zu. Das in den Tierbeständen festgelegte Kapital und die jährlichen Erzeugungswerte aus der tierischen Produktion sind sehr hoch, weit höher als im allgemeinen angenommen wird. Dies wird besonders deutlich, wenn man die Kapital- und Erzeugungswerte aus der landwirtschaftlichen Haustierhaltung mit solchen aus der Industrie und aus dem Bergbau vergleicht. Im Wirtschaftsjahr 1936/37 erbrachten die landwirtschaftlichen Betriebe des damaligen Reichsgebietes einschließlich des Eigenverbrauchs der Landwirtschaft einen Gesamtertrag von 11,9 Milliarden Reichsmark, der zu rund 60% aus der tierischen Erzeugung stammte.

Die steigende Bedeutung der landwirtschaftlichen Tierhaltung wurde in Deutschland ausgelöst durch die gegen Ende des vorigen Jahrhunderts einsetzende starke Bevölkerungszunahme, vor allem die Zusammenballung von Menschen in den großen Städten und die damit Hand in Hand gehende einschneidende Veränderung der ganzen Lebens- und Ernährungsweise, die die Nachfrage nach hochwertigen tierischen Erzeugnissen mehr und mehr erhöhte. Diese Entwicklung kommt zunächst in der Zunahme der Tierbestände zum Ausdruck, vor allem bei den Tierarten, die in erster Linie Lebensmittel tierischer Herkunft zu liefern haben, also der Rinder und der Schweine. Der Umfang der Bestandszunahme bei den wichtigsten landwirtschaftlichen Haustieren in der Zeit von 1873, dem Jahr der ersten allgemeinen deutschen Viehzählung, bis zum Jahre 1937 ist aus der nachstehenden Tabelle[1]) ersichtlich.

---

[1]) Schmidt, v. Patow, Kliesch; Züchtung, Ernährung und Haltung der landwirtschaftlichen Haustiere, Allgemeiner Teil, 5. Auflage Berlin 1950.

Auf 100 ha Gesamtfläche entfielen:

Jahr	Pferde	Rinder	Schweine	Schafe	Ziegen
1873	6,2	29,2	13,1	46,2	4,2
1937	7,3	43,5	50,6	9,9	5,6
1937 gegen 1873	118%	149%	386%	21%	133%

Ausgenommen von der Zunahme sind lediglich die Schafe, deren Bestand einen sehr starken Rückgang erfahren hat; dieser ist bedingt durch die zunehmende Intensivierung der deutschen Landwirtschaft einerseits, die dem Schaf mehr und mehr Futterflächen entzog und die übermäßige Konkurrenz des Auslands in der Wollerzeugung andererseits. In der verhältnismäßig geringen Zunahme der Pferdebestände spiegelt sich der schon vor dem zweiten Weltkrieg wachsende Einfluß der Motorisierung in der Landwirtschaft und im Transportgewerbe wider. Die Ziegenhaltung und noch mehr die Rinderhaltung haben in den fraglichen Jahrzehnten eine starke Ausdehnung erfahren, die in erster Linie auf der steigenden Nachfrage nach Milch und Milcherzeugnissen beruht, während die außerordentliche Zunahme der Schweinebestände vor allem durch den gewaltig ansteigenden Fleischverbrauch verursacht ist. Der zweite Weltkrieg und seine Folgeerscheinungen haben in unsere Haustierbestände starke Lücken gerissen, besonders die Ostzone ist davon betroffen worden. Es liegt auf der Hand, daß durch die Kriegseinflüsse nicht nur die Bestände zurückgegangen sind, sondern auch die durchschnittlichen Leistungen der Tiere. Auf diese Schäden und die Bemühungen, sie zu überwinden, im einzelnen einzugehen, verbietet sich an dieser Stelle. Im ganzen gesehen haben aber nicht nur die Durchschnittsleistungen unserer landwirtschaftlichen Haustiere trotz der beiden großen Kriege in den letzten Jahrzehnten beachtliche Verbesserungen erfahren, sondern sind vor allem in den Spitzenbetrieben Leistungen erreicht worden, die man in früherer Zeit für unmöglich gehalten hätte; sie sind das Ergebnis einer planvollen Züchtung, wohl überlegten Fütterung und einwandfreien Haltung.

Die volkswirtschaftlichen Aufgaben der landwirtschaftlichen Haustierhaltung lassen sich wie folgt umreißen: 1. Erzeugung von Nahrungsmitteln, 2. Erzeugung von Arbeitstieren für Landwirtschaft, Industrie und Transportgewerbe, 3. Erzeugung von Rohstoffen wie Wolle, Leder usw. Die privatwirtschaftliche Bedeutung liegt zu einem wesentlichen Teil darin begründet, daß durch die landwirtschaftlichen Haustiere die nicht oder schwer absetzbaren Erzeugnisse des Ackerbaues und des Grünlands nutzbringend verwertet — veredelt — werden können; zudem macht die Erzeugung des im normalen landwirtschaftlichen Betrieb unersetzlichen animalischen Düngers die Viehhaltung unentbehrlich.

Tierhaltungen ohne Zusammenhang mit der Landwirtschaft sind in Deutschland sehr selten; normalerweise bildet die Haustierhaltung und die Tierzüchtung einen Bestandteil des landwirtschaftlichen Betriebes. Ihrer Aufgabe, wirtschaftliche Werte zu schaffen und den gesicherten Betriebserfolg zu gewährleisten, kann die Tierhaltung nur dann gerecht werden, wenn sie organisch in den Gesamtbetrieb eingegliedert ist. Für Art und Umfang der Tierhaltung maßgebend ist zunächst die Futtergrundlage, über die der Betrieb verfügt. Daß weiterhin die Absatzmöglichkeiten und die Preisverhältnisse für die tierischen Erzeugnisse von entscheidendem Einfluß sind, liegt auf der Hand, ebenso, daß ein häufiger Wechsel der Konjunkturen und damit häufige Umstellungen der Erzeugung gerade in der Viehhaltung mit ihren relativ langsamen Umlauffristen sich nachteilig auswirken müssen.

Der Tierhalter muß die betriebswirtschaftlichen Verhältnisse seiner Wirtschaft richtig beurteilen können; Verbesserungen in der Züchtung und Haltung müssen zunächst betriebswirtschaftlich durchdacht sein. Nicht selten sind bäuerliche Wirtschaften mit Vieh stärker besetzt, als dies nach der Struktur des Betriebes und vor allem nach der Futtergrundlage gerechtfertigt ist. Oft wird auch der Fehler gemacht, züchterische Maßnahmen, die für fortgeschrittene Betriebe am Platze sind, auf Viehhaltungen zu übertragen, denen die Voraussetzungen dafür fehlen; dies gilt u. a. für die Züchtung und Aufzucht von Bullen und Hengsten.

Als wesentlichste Forderungen, die man an tierhaltende- und -züchtende Betriebe stellen muß, sind zu nennen: 1. Schaffung einer ausreichenden Futtergrundlage durch entsprechenden Futterbau, 2. richtige Bemessung des Umfanges der Haustierhaltung und ihrer einzelnen Zweige, 3. richtige Rassewahl, 4. geeignete Zuchtmaßnahmen zur Sicherung guter Leistungen, 5. rationelle Haltung und Fütterung. Für die Abgrenzung der einzelnen Tierzuchtzweige voneinander sind folgende Gesichtspunkte vor allem maßgebend: Der Umfang der Pferdehaltung wird in erster Linie durch den Eigenbedarf an Arbeitspferden bedingt. In Betrieben mit Schafhaltung treten Rind und Schaf, die beide bis zu einem gewissen Grad auf das gleiche Futter angewiesen sind, in unmittelbaren Wettbewerb; das Schaf ist allerdings genügsamer, ausdauernder und beweglicher als das Rind und vermag Futter und Futterflächen noch zu verwerten, die für das Rind nicht mehr ausnutzbar sind. Das Schwein ist weniger als Konkurrent von Rind und Schaf anzusprechen, weil seine Futteransprüche im großen und ganzen von denen der letztgenannten Tierarten abweichen. Die Ziege wird fast ausnahmslos im Kleinbetrieb und dort meist nur in wenigen Exemplaren gehalten, sodaß ihre Futteransprüche nicht stark ins Gewicht fallen.

Die große Bedeutung der Rindviehhaltung für das Wirtschaftsleben beruht auf der vielseitigen Nutzbarkeit des Rindes, wobei auch die Arbeitsleistung eine nicht unerhebliche Rolle spielt, und auf der Lieferung eines besonders hochwertigen Düngers. Das Rind ist von allen landwirtschaftlichen Haustieren am besten befähigt, die großen Futtermengen zu verwerten, die von dem Grünland (Wiesen und Weiden) gewonnen werden und die Nebenerzeugnisse des Ackerbaues wie Stroh, Spreu, Rübenblätter und -köpfe, sowie die Rückstände von Brennereien, Brauereien und Mühlen auszunützen.

Da das Pferd in der Hauptsache in der Landwirtschaft Verwendung findet, sind die landwirtschaftlichen Betriebe zugleich die stärksten Verbraucher der von ihnen gezüchteten Pferde, es ist deshalb verständlich, daß man in der Zucht in erster Linie diesem Verwendungszweck Rechnung trägt. Die Benutzung des Pferdes als Zugtier außerhalb der Landwirtschaft ist durch die zunehmende Motorisierung stark zurückgegangen. Die Erzeugung von Luxus-, Renn- und Turnierpferden fällt zahlenmäßig kaum ins Gewicht, doch darf nicht verkannt werden, daß Spitzenpferde dieser Art den Weltruf der deutschen Pferdezucht und die Weiterentwicklung bedeutender Pferdezuchtgebiete sehr wesentlich gefördert haben. Im landwirtschaftlichen Betrieb nimmt das Pferd gegenüber den anderen Haustierarten insofern eine gewisse Sonderstellung ein, als für seine Zucht und Haltung des öfteren nicht allein rein wirtschaftliche Überlegungen maßgebend sind. Schon immer haben die Liebe zum Pferd, unserem edelsten Haustier, und die Freude an der Pferdezucht manchen Bauern veranlaßt, Pferde zu halten und zu züchten, ohne allzu ängstlich nach der Rente zu fragen. Diese in den alten Pferdezuchtgebieten seit Jahrzehnten, ja Jahrhunderten verwurzelte Tradition hat die Pferdezucht schon mehr als einmal über Zeiten der Krise und des wirtschaftlichen Niederganges hinübergerettet. Die Freude am Pferd und der Stolz auf seinen Besitz dürfen freilich nicht so weit gehen, daß dadurch eine auf die Dauer untragbare Belastung der Betriebe entsteht.

Die Stellung der Schweinehaltung ist dadurch gekennzeichnet, daß sie bei der relativ großen Fruchtbarkeit und Schnellwüchsigkeit der Schweine den jeweiligen Wirtschaftsverhältnissen rascher angepaßt werden kann als etwa die Pferde- oder die Rinderhaltung. Dieser Zweig der Haustierhaltung ist weniger vom Klima und von der Scholle abhängig als andere und deshalb unter den verschiedensten Verhältnissen erfolgreich zu gestalten. Er erfordert einen geringeren Kapitalaufwand und schließt ein geringeres Risiko in sich ein als die Haltung der großen Haustiere. Die verhältnismäßig schnelle Generationsfolge verlangt eine rasche Anpassung an die wechselnden Marktansprüche. In Zeiten von Ernährungskrisen, wie sie die beiden Weltkriege mit sich gebracht haben, leidet die Stabilität der Schweinehaltung darunter, daß das Schwein als Verbraucher hochverdaulicher Nahrung, vor allem von Kartoffeln und Getreide, Erzeugnisse des Ackerbaues beansprucht, die in solchen Notzeiten weitgehend unmittelbar der menschlichen Ernährung zu dienen haben und deshalb für die Verfütterung nicht ausreichend zur Verfügung stehen.

Die Schafhaltung ist in erster Linie in solchen Wirtschaften am Platze, die über Weideflächen verfügen, deren Ertrag nicht ergibig und sicher genug ist, um die Ernährung von Rindern zu gewährleisten. Das Schaf vermag minderwertige, steinige, spärlich bestandene Futterflächen wie Hutungen, Heideland, Stoppelweiden, Wegeränder usw. noch gut auszunützen; seine große Beweglichkeit ermöglicht es ihm, bei geringem Kräfteverbrauch weite Strecken nach Futter abzusuchen (Wanderschäferei). Soll die Schafhaltung lohnend sein, dann müssen sich die Schafe den größten Teil des Jahres über mit Futter ernähren lassen, das von anderen Tieren nur schlecht verwertet werden kann.

Eine Sonderstellung gegenüber der Haltung von Pferd, Rind, Schwein und Schaf nimmt die Ziegenhaltung ein. Die Ziege als „Kuh des kleinen Mannes" wird fast ausschließlich in landwirtschaftlichen Klein- und Kleinstbetrieben und vielfach auch in nichtlandwirtschaftlichen Betrieben gehalten. Die verstreuten Bestände von fast immer nur wenigen Tieren erschweren eine Förderung der Zucht durch staatliche und private Maßnahmen erheblich und daraus und aus den oft sehr bescheidenen Haltungsverhältnissen erklären sich die vielfach nur mäßigen Leistungen. Andererseits findet man aber gerade unter den Ziegenhaltern sehr passionierte Züchter und Tierfreunde, deren Tiere z. T. überraschend hohe Leistungen aufweisen.

Es bedeutet keine Unterschätzung der Bedeutung der Kleintierzucht und -haltung und der auf diesem Gebiet erbrachten Leistungen, wenn die folgenden Abschnitte sich auf die größeren Haustiere (Pferd, Rind, Schwein, Schaf, Ziege) beschränken, sondern lediglich eine durch den Umfang des Buches bedingte Notwendigkeit.

II. Beurteilung der äußeren Erscheinung

Die Beurteilung nach der äußeren Erscheinung oder — um einen etwas altertümlichen Ausdruck zu gebrauchen — nach dem Exterieur stellt ein unentbehrliches Hilfsmittel zur Bewertung des Zucht- und Nutzwertes der Haustiere dar. Die Methoden der Beurteilung und die Einschätzung ihres Wertes für die Verbesserung der Tierbestände haben allerdings im Laufe der Zeit erhebliche Wandlungen erfahren. Wenn dem Züchter heute mehr und mehr auch andere Möglichkeiten zur Ermittlung des Erbwertes und der Leistungsfähigkeit seiner Tiere zu Gebote stehen, so hat die Exterieurbeurteilung gleichwohl ihre Bedeutung nicht verloren. Vom züchterischen Standpunkt aus betrachtet, ist der Wert einer solchen Beurteilung davon abhängig, ob bzw. wieweit es möglich ist, aus ihren Ergebnissen auf die Erbanlagen, den Erbwert eines Tieres Schlüsse zu ziehen. Sie kann in dieser Hinsicht nur dann von Erfolg begleitet sein, wenn zwischen dem Exterieur und dem Genotyp, der Erbmasse, nachweisbare Beziehungen bestehen oder doch zum mindesten zwischen einzelnen der nach außen hin zu Tage tretenden Merkmale und Eigenschaften und bestimmten Erbanlagen. Wir wissen heute wohl, daß dies nur in beschränktem Maße der Fall ist und daß deshalb eine Beurteilung nach der äußeren Erscheinung allein für eine rationelle neuzeitliche Züchtung nicht mehr genügen kann. Man wird vielmehr bei der Zuchtwahl soweit irgend angängig auch alle anderen Möglichkeiten für die Erbwertbestimmung heranziehen, in erster Linie die Abstammungsverhältnisse berücksichtigen, ferner die Leistungen des betreffenden Tieres selbst und diejenigen einer möglichst großen Zahl seiner Vorfahren und der etwa schon vorhandenen Nachkommen.

In sehr vielen, ja den meisten Fällen sind wir aber noch allein auf die Exterieurbeurteilung angewiesen, weil wir über die Abstammung und erst recht über die Leitsungen nur bei einer verhältnismäßig kleinen Zahl von Tieren zuverlässig unterrichtet sind, nämlich im wesentlichen nur bei den herdbuchmäßig erfaßten Individuen, die nur einen geringen Prozentsatz des gesamten Tierbestandes ausmachen.

Abgesehen von der Bedeutung der Beurteilung nach dem Äußeren zur Unterstützung züchterischer Maßnahmen, kann man auf dieses Verfahren schon deshalb nicht verzichten, weil sich aus dem Exterieur eines Tieres unmittelbar gewisse Schlüsse für seine Nutzung ziehen lassen, sind doch bestimmte Merkmale und Eigenschaften des Körperbaues und der äußeren Erscheinung in der Regel Voraussetzung für bestimmte Nutzleistungen und können außerdem auch der Gesundheitszustand und die Konstitution in gewissem Umfang aus der äußeren Erscheinung erkannt werden.

Man faßt unter der Bezeichnung „äußere Erscheinung" alle den Bau und die Funktionen des Tierkörpers betreffenden Merkmale und Eigenschaften zusammen, die am lebenden Tier dem Auge des Beschauers zugänglich sind. Voraussetzung dafür, daß die Exterieurbeurteilung für die Bewertung von Nutz- und Zuchttieren brauchbare Ergebnisse liefert, ist zunächst, daß sie in richtiger Weise erfolgt. Dazu gehören Erfahrung und Übung und eine gewisse Begabung, ein „züchterischer Blick", doch läßt sich die Befähigung zu richtiger Beurteilung des Tierkörpers durch Schulung und Übung weitgehend erlernen.

Mechanische Hilfsmittel zur Unterstützung des Auges bei der Beurteilung der äußeren Erscheinung sind der Meßstock, der Zirkel und das Meßband; sie gestatten eine objektive Ermittlung bestimmter Körpermaße und -proportionen. Die Waage erlaubt eine zuverlässige Kontrolle der Gewichtsveränderungen und der Futterverwertung, insbesondere während des Wachstums und bei der Mast. Gute, nach tierzüchterischen Gesichtspunkten gewonnene Lichtbilder gestatten Vergleiche von Tieren verschiedener Zeiten und Zuchtgebiete und sind eine wertvolle Ergänzung der Tierbeschreibungen in den Zuchtbüchern.

Da es aus wirtschaftlichen Gründen erwünscht ist, Tiere, die sich schon durch die äußere Erscheinung als ungeeignet für den späteren Gebrauch zu erkennen geben, möglichst früh auszumerzen, kommt der Beurteilung junger, noch nicht ausgewachsener Tiere eine besondere Bedeutung zu.

Man hat gerade der deutschen Tierzucht vielfach und bis in die neuere Zeit hinein den Vorwurf gemacht, daß sie einen zu großen Wert auf die Exterieurbeurteilung gelegt habe und lege, daß vielfach Einzelheiten und Nebensächlichkeiten der äußeren Erscheinung über Gebühr beachtet und gewertet wurden und die Zuchtwahl recht oft solche Merkmale viel zu sehr in den Vordergrund stelle. Dadurch wurden nicht selten Tiere von gutem Zuchtwert und guter individueller Leistungsfähigkeit von der Zucht ausgeschlossen bzw. nicht genutzt. Es ist nicht zu bestreiten, daß besonders in den früheren Epochen der deutschen Tierzucht und da und dort auch heute noch ein mehr oder weniger weitgehender „Formalismus", d. h. eine übertriebene Bewertung des Exterieurs die Zuchtwahl beeinflußt hat bzw. beeinflußt und ihr schon manches wertvolle Zuchttier zum Opfer gefallen ist. Es ist deshalb von Wichtigkeit, sich über die Grenzen zwischen einer berechtigten Bewertung nach der äußeren Erscheinung und einem übertriebenen Formalismus besonders in der Auswirkung auf züchterische Maßnahmen klar zu werden.

Solange die Tierbestände in ihrer äußeren Erscheinung und in ihren Leistungen noch so uneinheitlich waren, wie dies früher in allen Zuchtgebieten und bei den verschiedenen Rassen tatsächlich der Fall war, war die starke Betonung bestimmter gestaltlicher Merkmale bei der Zuchtwahl — von unbestreitbaren Übertreibungen abgesehen — zweifellos der richtige Weg, um in der Zucht vorwärts zu kommen; diese Voraussetzungen waren aber dann nicht mehr gegeben, als man auf diese Weise eine gewisse Einheitlichkeit in der äußeren Erscheinung erreicht hatte. Ein weiteres starres Festhalten an morphologischen Einzelheiten unwesentlicher Art mußte mit zunehmender Ausgeglichenheit der Erbanlagen angesichts der naturgegebenen Variationsbreite dieser Merkmale zwangsläufig dazu führen, daß durch übertriebenen Formalismus Individuen mit gutem Nutz- und Zuchtwert der Ausmerzung zum Opfer fielen. Heute ist der aus solchen Übertreibungen entstandene Gegensatz zwischen Formalismus und Leistungszucht, von verschwindenden Ausnahmen abgesehen, überwunden und sind Form, Abstammung und Leistung als gleichwertige Faktoren bei der Zuchtwahl anerkannt.

Die Beurteilung nach dem Exterieur soll sich auf alle am lebenden Tier wahrnehmbaren Merkmale und Eigenschaften erstrecken, von denen man annehmen darf, daß sie mit dem Zucht- und Nutzwert des betreffenden Individuums in irgendeiner direkten oder indirekten Beziehung stehen. Die äußere Erscheinung eines Tieres kann wertvolle Anhaltspunkte für die Bewertung von Merkmalen und Eigenschaften liefern, die den Zucht- und Nutzwert wesentlich beeinflussen, so der Rassenzugehörigkeit bzw. Reinrassigkeit, des Geschlechtscharakters, der Gesundheit, der Konstitution, des Alters, bis zu einem gewissen Grad auch des Futterverwertungsvermögens, der Früh- bzw. Spätreife, des Temperaments und des Charakters. Auch die Eignung für bestimmte Nutzleistungen läßt sich in gewissem Umfang aus dem Exterieur erschließen, vor allem wird die Arbeitsleistung sehr wesentlich durch die äußere Erscheinung mitbestimmt. Für die Beurteilung der Milchleistungsfähigkeit liefert das Exterieur ebenfalls gewisse, wenn auch keineswegs unbedingt zuverlässige Anhaltspunkte, desgleichen wird die Mastfähigkeit durch äußere Merkmale mehr oder weniger angedeutet und schließlich gibt das Wollkleid unmittelbar Aufschluß über das quantitative und qualitative Wollbildungsvermögen des Schafes.

Ein einigermaßen brauchbares Urteil über das Äußere eines Tieres kann man nur gewinnen, wenn man die Verhältnisse kennt, unter denen es aufgezogen wurde und gehalten wird. Die gleichen Fehler erscheinen je nach den Aufzucht- und Haltungsverhältnissen in einem oft recht verschiedenem Licht. Des weiteren wird man naturgemäß zu recht unterschiedlichen Urteilen kommen je nach dem Zweck, dem das betreffende Tier dienen soll; es können beispielsweise Körperformen, die etwa für ein Reitpferd oder ein Milchrind nachteilig sind, für ein schweres Zugpferd oder ein Mastrind wohl geeignet sein und umgekehrt.

Von den Strömungen der Mode und dem mitunter wechselnden Schönheitsbegriff kann sich der Züchter, zumal der Pferdezüchter, nicht immer ganz frei machen, soweit er nicht lediglich für den eigenen Bedarf züchtet. Vom züchterischen Standpunkt aus bedeutet allerdings jede Mitberücksichtigung von Merkmalen und Eigenschaften, die mit dem Nutz- und Zuchtwert nicht in Beziehung stehen, so etwa einer bestimmten Farbzeichnung, eine Erschwerung und Verzögerung des Zuchterfolges.

Ein Vergleich von Tieren verschiedenen Geschlechts, verschiedenen Alters und verschiedener Rasse ist naturgemäß nur dann möglich, wenn diesen Verschiedenheiten bei der Beurteilung entsprechend Rechnung getragen wird, denn in der äußeren Erscheinung verschiedengeschlechtlicher, verschiedenalter und verschiedenrassiger Tiere bestehen erhebliche Unterschiede.

Man darf bei der Beurteilung nicht in den Fehler verfallen, kleinere Mängel über Gebühr zu bewerten; kein Tier ist vollkommen fehlerlos und deshalb lassen sich Fehler immer finden. Es kommt aber bei der Exterieurbeurteilung nicht auf ein Fehlersuchen an, sondern darauf, vorhandene Fehler und Vorzüge zu erkennen und sie in richtiger Weise gegeneinander abzuwägen, um zu einem zutreffenden und greifbaren Gesamteindruck und Gesamturteil zu gelangen. Man wird bei der Beurteilung in jedem Fall zunächst die allgemeine Körperbeschaffenheit und Gesamterscheinung prüfen, ehe man auf Einzelheiten eingeht, die stets nur im Rahmen der Gesamtbeurteilung bewertet werden sollen. Man darf dabei nicht übersehen, daß der tierische Organismus weitgehend, mitunter sogar in einem überraschendem Maße die Fähigkeit besitzt, vorhandene Fehler und Mängel in der Ausbildung und Funktion einzelner Organe durch eine besonders gute Beschaffenheit und Leistungsfähigkeit anderer auszugleichen. Es sind z. B. die Fälle gar nicht selten, daß erfolgreiche Rennpferde deutliche Fehler im Bau und in der Stellung der Gliedmaßen aufweisen, die offensichtlich anderweitig, etwa durch eine überragende Leistungsfähigkeit der Atmungs- oder der Blutkreislauforgane, mehr als ausgeglichen werden. Auch unter den Milchkühen finden wir mitunter Tiere, die trotz schlechter Euterformen hohe Milchleistungen liefern, weil sie eine besonders leistungsfähige Drüsensubstanz des Euters besitzen und über einen besonders guten Stoffumsatz verfügen

Die Anforderungen, die man an das Exterieur und vor allem an die äußere Einheitlichkeit und Ausgeglichenheit von Tierbeständen stellen kann, sind nicht in jedem Fall gleich hoch. In Gebieten und Beständen, in denen seit langem planmäßige Zuchtwahl auf gute Körperformen betrieben wurde und bei gut durchgezüchteten Rassen kann man bezüglich der äußeren Erscheinung der Tiere begreiflicherweise weit mehr verlangen als in Gebieten und bei Rassen, die erst am Anfang ihrer züchterischen Entwicklung stehen.

Die Beurteilung junger, wachsender Tiere nach der äußeren Erscheinung ist meist eine schwierige Sache, wenn es sich darum handelt, aus dem Ergebnis einer solchen Beurteilung Schlüsse auf den späteren mutmaßlichen Nutz- und Zuchtwert zu ziehen. Junge, noch in der Entwicklung stehende Tiere verändern erfahrungsgemäß ihr Aussehen recht häufig, repräsentieren sich in manchen Entwicklungsstadien oft wenig gut und sind zudem in ihrem Aussehen besonders stark von den jeweiligen Umweltverhältnissen abhängig.

Die Begutachtung der Gesamterscheinung, des Gesamteindrucks, hat vor allem festzustellen, ob ein Tier nach seinem Rassetyp, seiner Gesamtentwicklung, den Proportionen der einzelnen Körperabschnitte zueinander, d. h. der Harmonie seines Körperbaues, nach seinem Geschlechtscharakter und seiner Konstitution den Anforderungen entspricht, die man unter Berücksichtigung des Zuchtziels und des beabsichtigten Verwendungszweckes jeweils stellen muß, oder ob es von diesen Anforderungen mehr oder weniger weitgehend abweicht.

Da unsere deutsche Tierzucht auf der Rassezucht, d. h. der Reinzucht innerhalb einer Rasse (oder eines Schlages) aufgebaut ist, von der man nur in besonders begründeten Ausnahmefällen abgehen wird, kommt normalerweise der Beurteilung des Rassebildes, des Rassecharakters, eine große Bedeutung zu, und zwar besonders dann, wenn keine sonstigen Beweise für die Reinrassigkeit (Abstammungsnachweis) vorliegen. Als Kriterium für diese, die Zugehörigkeit zu einer bestimmten Rasse, werden sogenannte Rassemerkmale und -eigenschaften bei der Exterieurbeurteilung herangezogen. Ihre Art und Zahl ist bei den verschiedenen Rassen unterschiedlich groß, ihre Ausprägung verschieden deutlich.

Die Beurteilung der Konstitution sollte stets im Mittelpunkt der Exterieurbeurteilung überhaupt stehen. Man versteht unter

Konstitution eines Tieres seine Gesamtkörperverfassung, die durch seine Erbanlagen bedingt ist und sich unter dem Einfluß nachhaltig einwirkender Umwelteinflüsse entwickelt hat. Sie entscheidet darüber, wie das Tier sich mit den Anforderungen der Umwelt ab-

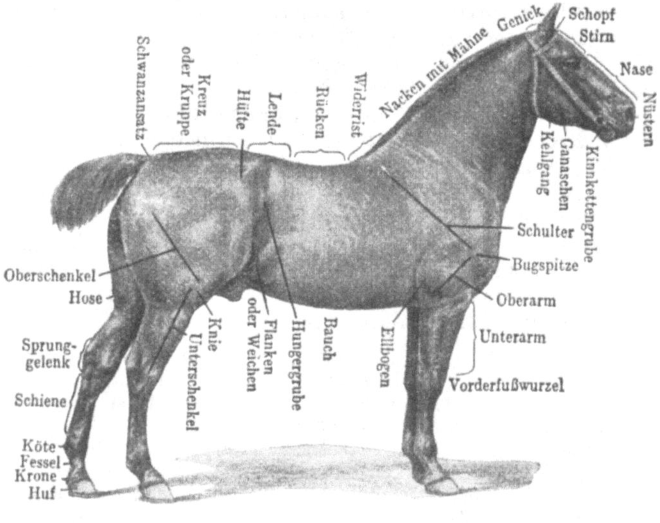

Abb. 1a. Äußere Körperteile des Pferdes.
(Nach „Vogel, Pferdezucht", Verlag Parey, Berlin-Hamburg 1948)

findet, besonders mit ungünstigen äußeren Einflüssen und starker Beanspruchung durch Nutz- und Zuchtleistungen.

Die äußere Erscheinung vermag gewisse Anhaltspunkte für die Konstitutionsbeurteilung zu geben: Aus dem Fehlen von Degenerationsmerkmalen, aus einer Ebenmäßigkeit (Harmonie) des Körperbaues, aus einem normalen Größenverhältnis der einzelnen Körperabschnitte zueinander, darf man im allgemeinen mit Recht auf eine normale, gute Konstitution schließen, während Tiere mit unausgeglichenem, unharmonischem Äußeren konstitutionell meist versagen. Von regelrecht gebauten Tieren kann man auch eine normale Bildung und damit ein normales Arbeiten der inneren Organe erwarten, während eine übertrieben einseitige Ausbildung einzelner Körperabschnitte im Verhältnis zu anderen in der Regel auch mit Störungen der Harmonie des inneren Körperbaues und vor allem der Ausbildung und Tätigkeit der lebenswichtigen innersekretorischen Drüsen verbunden ist.

Von Kondition sprechen wir im Gegensatz zur Konstitution als von dem jeweiligen Haltungszustand eines Tieres. Dieser kann die äußere Erscheinung in gewissem Umfang verändern, doch wird der sorgfältig beobachtende Züchter bei der Konstitutionsbeurteilung durch solche wechselnde Haltungseinflüsse sich zum mindesten dann nicht täuschen lassen, wenn er die Art der Haltung kennt oder ermitteln kann. Aus der praktischen Erfahrung ist genügend bekannt, daß ein und dasselbe Tier sich recht verschieden darstellt, je nach dem es sich etwa in schwerer Arbeitsnutzung oder im rauhen Weidekleid oder bei bester Stallpflege zeigt; dieser wechselnde Haltungszustand ist an sich ohne Einfluß auf die Konstitution, es sei denn, daß anomale Haltungseinflüsse anhaltend auf das Tier einwirken, was dann — wie z. B. dauernde Unterernährung — zu einer Konstitutionsschwäche führen kann.

Über das Durchschnittsgewicht, die Größenverhältnisse und die Körperproportionen normal entwickelter, ausgewachsener und wachsender Tiere und den dabei festzustellenden Geschlechtsdimorphismus bei den verschiedenen Rassen unserer landwirtschaftlichen Nutztiere sind wir durch zahlreiche Untersuchungen in den verschiedenen Zuchtgebieten im allgemeinen gut unterrichtet; die diesbezüglichen Maß- und Gewichtszahlen geben die Möglichkeit einer vergleichenden Bewertung und Beurteilung.

Der Gesundheitszustand der Tiere steht mit der Konstitution zum mindesten insoweit in Beziehung, als konstitutionell nicht einwandfreie Tiere im Falle einer Erkrankung weniger widerstandsfähig sind als andere und für bestimmte Krankheiten auch eine erhöhte Anfälligkeit zeigen. Es gibt eine Reihe von Anhaltspunkten, die dem Tierhalter aus der äußeren Erscheinung einen Hinweis geben können, ob ein Tier gesund oder krank ist; er sollte deshalb zum mindesten mit den hauptsächlichsten Symptomen des Gesundheits- und Krankheitszustandes vertraut sein. Die Möglichkeit einer sachgemäßen Bekämpfung und damit der Heilung von Krankheiten wird wesentlich erhöht, wenn entsprechende Maßnahmen frühzeitig eingeleitet werden, was vor allem ins Gewicht fällt, wenn es sich um seuchenhafte, ansteckende Krankheiten handelt.

Von jedem Zuchttier ist zu fordern, daß es neben den Kennzeichen seiner Rasse diejenigen seines Geschlechts deutlich ausgeprägt zeigt, und zwar nicht nur die Geschlechtsorgane selbst, sondern auch die sonstigen Merkmale, durch die sich die Geschlechter normalerweise voneinander unterscheiden. Solche Merkmale, meist nicht sehr glücklich als „sekundäre“ Geschlechtsmerkmale bezeichnet, sind neben der unterschiedlichen Kopfform u. a. das stärkere Skelett, der kräftigere, gedrungenere Hals, die massigere Vorhand und das durchschnittlich höhere Gewicht der männlichen, sowie die Milchdrüse und das breitere Becken der weiblichen Tiere. Demgegenüber zeigen kastrierte Tiere einen mehr geschlechtslosen Typ, und zwar umso deutlicher, je früher die Kastration erfolgte. Da Veränderungen in der Funktion der Organe der inneren Sekretion sich in der Regel in der äußeren Erscheinung, in der Ausbildung der sekundären Geschlechtsmerkmale widerspiegeln, kann man von gut ausgebildeten sekundären Geschlechtsmerkmalen im allgemeinen auf das Vorhandensein eines normal funktionierenden innersekretorischen Drüsensystems schließen. Der Grad der durchschnittlichen Ausbildung der sekundären Geschlechtsmerkmale bzw. die diesbezüglichen Unterschiede zwischen den Geschlechtern sind rassemäßig beeinflußt, d. h. nicht bei allen Rassen gleich deutlich ausgeprägt.

Wenn es nicht möglich ist, das Lebensalter eines Tieres nach dem Geburtsdatum eindeutig zu bestimmen, gibt die Altersbestimmung nach dem Gebiß, d. h. der Ablauf des Zahnwechsels und der Abnützungsgrad der Reibeflächen der Zähne einen, wenn auch nicht unbedingt sicheren, so doch im allgemeinen brauchbaren Anhalt. Bei noch wachsenden Tieren besteht auch abgesehen von der geringeren Körpergröße in den Körperproportionen ein mehr oder weniger großer Unterschied gegenüber dem ausgewachsenen Tier gleicher Art bzw. Rasse. Das junge, noch nicht erwachsene Individuum ist keine einfache Verkleinerung des fertigen Tieres, es zeigt vielmehr andere, im Verlauf des Wachstums wechselnde Größenverhältnisse der einzelnen Körperabschnitte zueinander. Nur der Beurteiler, der mit diesen grundsätzlichen Verschiedenheiten vertraut ist, wird ein junges Tier nach der äußeren Erscheinung hinsichtlich seiner späteren Entwicklung einigermaßen richtig beurteilen können.

Da die Früh- bzw. Spätreife, d. h. der durch einen frühen oder späten Abschluß der Körperentwicklung bedingte Zeitpunkt der vollen Verwendbarkeit eines Tieres für den Zuchtgebrauch und die Nutzleistungen zunächst rassebedingt ist, wird man aus dem Vorhandensein der äußerlich erkennbaren Rassemerkmale im allgemeinen auf eine der betreffenden Rasse durchschnittlich eigentümliche Früh- oder Spätreife schließen dürfen. Zudem gibt es besondere Merkmale und Anhaltspunkte, die auf Früh- bzw. Spätreife deuten, sie sind jedoch keineswegs unbedingt zuverlässig und gestatten im allgemeinen nicht die bezüglich der Früh- und Spätreife bestehenden oft erheblichen individuellen Unterschiede hinreichend sicher zu erkennen. Dazu kommt, daß die Haltungsverhältnisse, vor allem die Fütterung, die Entwicklungsgeschwindigkeit des tierischen Organismus recht wesentlich beeinflussen können; man muß deshalb bei ihrer Beurteilung auf Grund der äußeren Erscheinung die Haltungs- und vor allem die Aufzuchtverhältnisse des betreffenden Tieres entsprechend berücksichtigen.

Fehlermöglichkeiten bei der Beurteilung nach der äußeren Erscheinung ergeben sich vielfach für die Eigenschaft der Futterverwertung. Vor allem die Ergebnisse der Leistungsprüfungen in den verschiedenen Zweigen der Tierzucht zeigen immer wieder, daß gerade hinsichtlich der Futterverwertung sehr große erblich bedingte Unterschiede auch zwischen den Tieren ein und derselben Rasse, ja ein und derselben Herde vorhanden sein können, die sich aus dem Exterieur nicht zuverlässig erkennen lassen. Man darf im allgemeinen zwar annehmen, daß Tiere mit breitem, tiefem, nicht zu langem, tonnenförmigem Rumpf und geschlossenen Formen, einem gut gewölbten und nicht aufgeschürzten Bauch und relativ kurzen Gliedmaßen gute Futterverwerter sind, zum mindesten für gehaltvolles, eiweißreiches Futter; das individuelle Futterverwertungsvermögen läßt sich jedoch mit genügender Sicherheit aus solchen äußeren Kennzeichen nicht feststellen.

Bei der Beurteilung des Temperaments ist zu beachten, daß das Geschlecht des Tieres auf das Temperament von Einfluß ist; männliche Tiere besitzen in der Regel ein kraftvolleres, lebhafteres Temperament als weibliche, außerdem ist das Temperament in erheblichem Maße auch Rasseeigenschaft. Einem lebhaften Temperament entspricht eine deutlich wahrnehmbare Beweglichkeit und Erregbarkeit, einem ruhigen eine gewisse Ruhe und Bedächtigkeit in den Bewegungen und eine geringere Erregbarkeit. Im Temperament äußert sich die von innersekretorischen Drüsen beeinflußte Verschiedenheit des Nervensystems, woraus sich die für die Exterieurbeurteilung wichtigen Beziehungen zwischen Temperament und Körperbau erklären. Ein massiger, zum Fettansatz neigender, starkknochiger und starkhäutiger Körperbau ist im allgemeinen mit einem ruhigen bis phlegmatischen Temperament verbunden, während Tiere mit leichtem, trockenem, verhältnismäßig dünnhäutigem Körperbau in der Regel ein lebhaftes Temperament besitzen. Lebhafte Tiere zeigen eine straffe Haltung, einen frischen Blick, aufmerksames Ohrenspiel und rasche, flotte Bewegungen. Wünschenswert ist, daß das Temperament mit dem hauptsächlichsten Nutzungszweck einigermaßen in Einklang steht; ein erheblich darüber hinausgehendes Maß von Temperament bedingt unnötigen Kräfteverbrauch und damit erhöhten Futterbedarf.

Auch der *Charakter* der Tiere läßt sich in gewissen Grenzen bei der Beurteilung erkennen; er äußert sich in der Art und Weise, wie das Tier sich gegenüber dem Menschen und gegenüber anderen Tieren verhält und wie es sich im besonderen dem Willen des Menschen unterordnet. Temperament und Charakter bilden im wesentlichen auch die Grundlage für die sogenannten *Untugenden* der Tiere, man kann somit auch umgekehrt aus dem Vorhandensein bestimmter Untugenden Schlüsse auf das Temperament und den Charakter ziehen. Für die Bewertung der Zuchttauglichkeit ist zu berücksichtigen, daß Fehler und Eigenheiten in Temperament und Charakter sich oft recht hartnäckig weiter vererben.

Für die Arbeitsleistung sind der *Bau des Knochengerüstes* und das Zusammenwirken seiner einzelnen Bestandteile, der sogenannte *Skelettmechanismus*, vor allem auch die Länge und Winkelung der einzelnen Gliedmaßenknochen und -abschnitte sowie die Ausbildung und Funktion der Muskulatur einschließlich der Sehnen und Bänder von entscheidender Wichtigkeit. Entsprechend der jeweils geforderten Arbeitsleistung werden die Körperformen eines schweren Zugpferdes anders gestaltet sein müssen als die eines vielseitig beanspruchten Laufpferdes oder eines Rennpferdes. Mit befriedigender *Milchleistung* wird man im Rahmen der vorhandenen erblichen Veranlagung bei den Tieren rechnen können, die neben den Merkmalen eines lebhaften *Stoffumsatzes* und einer guten Euterbildung nach ihrem Äußeren eine genügend feste Konstitution und gute Futterdankbarkeit erwarten lassen. Auf eine gute *Mastfähigkeit* deuten dagegen wesentlich andere Merkmale, nämlich solche, die regelweise für ein ruhiges Temperament und ein gutes *Stoffansatzvermögen* sprechen, und Körperformen, bei denen die für den Fleisch- und Fettansatz in erster Linie in Frage kommenden Partien besonders gut ausgebildet sind.

Körpergröße, Gewicht und äußere Erscheinung stehen miteinander in Wechselbeziehung. Der geübte Beurteiler vermag die Größe und das Gewicht eines Tieres mit einiger Genauigkeit zu schätzen, jedoch sollte man solche Schätzungen nach Möglichkeit mit Meßstock und Waage kontrollieren. Tiere, die in Größe oder Gewicht die Norm ihrer Rasse erheblich über- bzw. unterschreiten, sind ungünstig zu bewerten, weil unverhältnismäßig große und schwere Tiere in der Regel unwirtschaftlich hohe Futteransprüche stellen und ebenso wie ungewöhnlich kleine und leichte in der Leistung meist nicht befriedigen. Das Körpergewicht ist vor allem von der Breite, Tiefe und Länge des Rumpfes, weniger von der Größe (Widerristhöhe) abhängig. Wie die Größe und das Gewicht ist auch das Format, d. h. das Verhältnis von Widerristhöhe zu Rumpflänge von der Rassezugehörigkeit wesentlich bestimmt, so

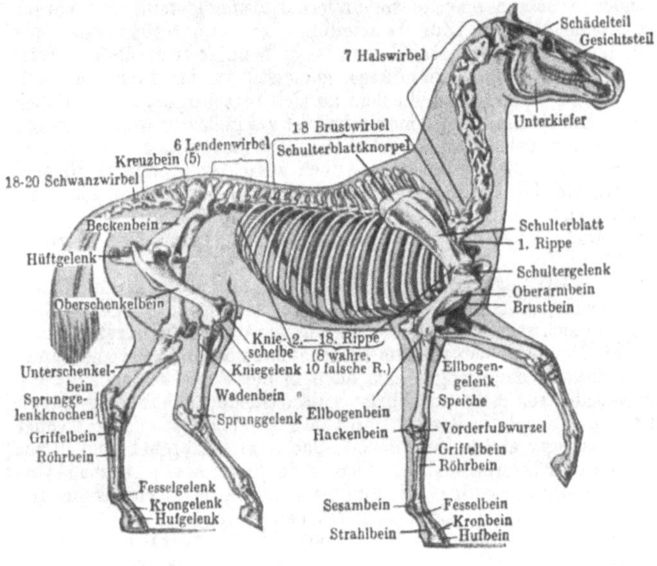

Abb. 1b. Knochengerüst des Pferdes.'
(Nach „Vogel, Pferdezucht", Verlag Parey, Berlin-Hamburg 1948)

ist beispielsweise das Rheinisch-deutsche Kaltblutpferd durch eine gegenüber den Reitpferdschlägen wie etwa dem Ostpreußischen Warmblutpferd größere relative Rumpflänge gekennzeichnet und ausgesprochene Rindermastschläge zeigen eine geringere relative Rumpflänge gegenüber typischen Milchschlägen.

Trotz der überdeckenden Weichteile, der Muskulatur, der Haut und des Haarkleides ist die äußere Körperform durch die Gestaltung des Skeletts sehr stark beeinflußt; es verleiht dem Tierkörper im ganzen und in seinen einzelnen Abschnitten das charakteristische Aussehen. Da manche Teile oder Punkte des Knochengerüstes am lebenden Tier unschwer festzustellen sind, ist es möglich, aus diesen mit einiger Zuverlässigkeit auf die Lage und die Mächtigkeit der übrigen Skeletteile Schlüsse zu ziehen. Die Knochenstarke soll dem Gebrauchszweck angepaßt sein; zu grobe Knochen deuten ebenso wie unverhältnismäßig feine auf konstitutionelle Mängel. Zur Beurteilung der Knochenstärke oder richtiger gesagt des Knochenumfangs benützt man üblicherweise das Maß des Röhrbeinumfangs, gemessen an der dünnsten Stelle der linken Vorderröhre. In dem an sich berechtigten Streben nach guter Knochenstärke ist man mitunter zweifellos zu weit gegangen; man hat dabei übersehen, daß der Knochenumfang noch keinen Maßstab für die letzten Endes doch ausschlaggebende Härte und Festigkeit der Knochensubstanz bietet, liegen doch genügend Untersuchungen vor, die zeigen, daß die Knochenfestigkeit durchaus nicht immer mit dem Umfang des Knochens Hand in Hand geht.

Die Leistungsfähigkeit der Muskulatur wird durch ihre Länge und Dicke, d. h. ihren Querschnitt beeinflußt; ein langer Muskel vermag sich stark zusammenzuziehen, ein dicker viel Kraft zu entfalten. Den Unterschieden im Knochenbau und im Skelettmechanismus entsprechend zeigen sich auch in der Bemuskelung zunächst rassebedingte, z. T. erhebliche Unterschiede; unabhängig davon ist in der Regel die Bemuskelung bei männlichen Tieren kraftvoller und massiger als bei weiblichen. Der Kräfteverbrauch und damit auch der Futterbedarf der Tiere sind unter sonst gleichen Verhältnissen umso geringer, je günstiger der Skelettmechanismus und der Bau und die Funktion der Muskeln sind.

Die Beschaffenheit der Haut und des Haarkleides ist einerseits vom Geschlecht, vom Alter, von der Rassezugehörigkeit und der individuellen Veranlagung des Tieres, andererseits von den Umweltverhältnissen beeinflußt, was bei der Beurteilung entsprechend zu beachten ist.

Die unterschiedliche Färbung der Haut und des Haarkleides wird durch die Art und Menge des eingelagerten Farbstoffes (Pigment) verursacht; Pferde und Rinder mit ausgedehnten pigmentlosen Stellen in Haut und Haar gelten im allgemeinen als konstitutionell weniger widerstandsfähig, empfindlicher gegen starke Sonnenbestrahlung und anfälliger gegen gewisse Futterschäden als andere. Im übrigen wird die Leistungsfähigkeit eines Tieres durch die Färbung nicht beeinflußt. Abweichungen von der normalen Haut- und Haarbeschaffenheit deuten, soweit sie nicht die Folge ungewöhnlicher Haltungsbedingungen sind, auf konstitutionelle

Schäden, Mängel des Stoffwechsels oder sonst gestörtes Wohlbefinden.

Die Beurteilung der einzelnen Körperteile und -abschnitte muß von dem Bestreben ausgehen, aus vielen Einzelbeobachtungen und Einzeleindrücken ein brauchbares Gesamtbild des Tieres zu gewinnen. Man wird dementsprechend auch bei der Beurteilung im einzelnen vor allem auf die Merkmale und Anzeichen achten, welche Schlußfolgerungen auf die Rassezugehörigkeit bzw. Reinrassigkeit des betreffenden Individuums, seine Konstitution, seine Zuchttauglichkeit und seine Nutzbarkeit zulassen. Unbeschadet der für die einzelnen Haustierarten und -rassen geltenden Besonderheiten können in jedem Fall als in erster Linie zu bewertende Organe, Körperteile und Merkmale angesehen werden: Für die Beurteilung der Rassezugehörigkeit Farbe und Abzeichen und die Größenverhältnisse einzelner Körperabschnitte zueinander, für die Konstitutionsbewertung Haut und Haar, Tiefe und Breite der Brust, Knochenstärke, für die Zuchttauglichkeit die Geschlechtsorgane und die sogenannten sekundären Geschlechtsmerkmale sowie die Beckenform und -größe, für die Arbeitsleistung die Bemuskelung und der Bau und die Stellung der Gliedmaßen, für die Milchleistung das Euter und alle auf einen lebhaften Stoffwechsel deutenden Einzelmerkmale, für die Mastleistung die Kennzeichen eines guten Stoffansatzvermögens und die Ausbildung der wertvollsten Fleisch- und Fettpartien und schließlich für die Wolleistung neben der Wollmenge die besonders wertbestimmenden Merkmale wie Feinheit, Kräuselung, Wollschweißgehalt usw.

III. Zucht- und Nutzleistungen

Man unterscheidet üblicherweise bei unseren landwirtschaftlichen Haustieren zwischen Zucht- und Nutzleistungen. Als Zuchtleistung wird die auf der erblichen Veranlagung beruhende und durch die Geschlechtsfunktionen der Tiere ausgelöste Erzeugung von Nachkommen bezeichnet; bei den weiblichen Zuchttieren kommt dazu das ebenfalls erblich bedingte Aufzuchtvermögen, das vor allem durch die Menge und Zusammensetzung der Milch in der Säugezeit gekennzeichnet ist. Alle übrigen wirtschaftlich verwertbaren Leistungen pflegt man unter dem Begriff der Nutzleistungen zusammenzufassen.

Grundsätzlich wird man eine angemessene Vereinigung von Nutz- und Zuchtleistungen bei jedem Tier anstreben, doch lassen betriebswirtschaftliche Überlegungen es mitunter angezeigt erscheinen, Tiere ausschließlich wegen ihrer Nutzleistungen zu halten, ohne sie zur Zucht zu verwenden.

Die Nutzleistungen unserer Haustiere sind recht verschiedener Art und von unterschiedlicher wirtschaftlicher Bedeutung, zudem bestehen in dem Ausmaß der einzelnen Leistungen sehr erhebliche rassemäßige und individuelle Unterschiede. Nutzleistungen von besonderer Wichtigkeit sind die Arbeitsleistung bei Pferd und Rind (Ochsen, Fahrkühe), die Milchleistung bei Rind, Schaf und Ziege, die Mastleistung bei Rind, Schwein, Schaf und Ziege, die Wolleistung beim Schaf; dazu treten als Nebenleistungen u. a. die Lieferung von Leder (Rind, Schwein, Ziege), von Horn (Rind) und von Borsten (Schwein).

Das Pferd wird ausschließlich wegen seiner Arbeitsleistung gehalten, die Nebenleistungen (Fleisch, Roßhaar) treten demgegenüber an Bedeutung stark zurück; die Art der Arbeitsleistung kann verschieden sein, in erster Linie wird die Zugleistung in der Landwirtschaft und im Transportgewerbe verwertet, in geringerem Maße spielt auch die Verwendung des Pferdes als Reit- und Tragtier eine Rolle. Auch das Rind wird nicht selten als Arbeitstier genutzt. Die früher stark verbreitete Benutzung von Ochsen zur Arbeit im landwirtschaftlichen Betrieb und im Fuhrgewerbe ist stark zurückgegangen, dagegen finden die Kühe in den kleinbäuerlichen Wirtschaften Mittel- und Süddeutschlands als Anspannkühe noch immer in erheblichem Maße Verwendung.

Für die Rinderhaltung ist die Milcherzeugung die wirtschaftlich wichtigste Leistung, stellt doch die Kuhmilch und ihre Erzeugnisse ein außerordentlich wertvolles und unentbehrliches tierisches Produkt dar und bilden die laufenden Einnahmen aus dem Milchverkauf für sehr viele landwirtschaftliche Betriebe einen ausschlaggebenden Aktivposten. Auch in der Ziegenhaltung steht die Milcherzeugung an erster Stelle und schließlich wird auch der wirtschaftliche Wert bestimmter Schafrassen durch die Milchleistung wesentlich beeinflußt (Milchschafe).

Die Nutzung als Fleisch- und Fettlieferant kennzeichnet die wirtschaftliche Stellung des Schweines, denn die Mastleistung bestimmt Art und Umfang der Schweinehaltung; auch bei Rind und Schaf und in gewissem Grade auch bei der Ziege bedeutet die Fleisch- und Fettproduktion einen, wenn auch je nach den Verhältnissen unterschiedlichen, so doch ins Gewicht fallenden Teil der Nutzung. Beim Schaf ist die Mastleistung bei manchen Rassen als Nutzleistung nicht weniger wichtig als die Wolleistung, im übrigen spielt die letztere natürlich immer eine wesentliche, wenn nicht die ausschlaggebende Rolle.

Als Maßstab für die Bewertung der Arbeitsleistung wird bei Pferd und Arbeitsrind die Größe der Zugkraftentfaltung gelten können, daneben hat zum mindesten beim Pferd die Zuggeschwindigkeit eine große Bedeutung. Bei den Milchtieren muß die Milchleistung nach der Milchmenge und nach der Milchfettmenge bewertet werden, die sich aus dem Milchertrag und dem Fettgehalt der Milch errechnet. Zur Beurteilung der Mastleistung kann bei allen Masttieren die in einem bestimmten Zeitabschnitt gebildete Fleisch- und Fettmenge herangezogen werden. Die Wolleistung wird gekennzeichnet durch die im Laufe eines Jahres oder Halbjahres gelieferte Wollmenge einerseits und ihre preisbestimmende Qualität anderseits. Einen in jedem Fall ausschlaggebenden Faktor für die Bewertung von Nutzleistungen jeder Art bildet der zur Erzielung einer bestimmten Leistung erforderliche Aufwand an Futter; dieser Aufwand ist bedingt durch die Futterverwertung, d. h. die ererbte Fähigkeit aufgenommenes Futter in Leistung umzusetzen.

Die praktischen Erfahrungen, vor allem aber die Ergebnisse der Leistungsprüfungen haben gezeigt, daß die Zucht- und Nutzleistungen unserer landwirtschaftlichen Haustiere keineswegs in jedem Fall gleich groß sind; es bestehen vielmehr in dieser Hinsicht sehr erhebliche Unterschiede, die einerseits auf der jeweiligen Veranlagung der Tiere, andererseits auf den Verschiedenheiten der Umwelt beruhen.

Im Rahmen der erblichen Veranlagung zeigen sich zunächst mehr oder weniger große Leistungsunterschiede zwischen den einzelnen Rassen und Schlägen, d. h. die Angehörigen einer Rasse oder eines Schlages erweisen sich im allgemeinen als für bestimmte Leistungen besonders gut, für andere dagegen als weniger gut oder schlecht veranlagt. So zeichnen sich beispielsweise durchschnittlich die Vollblutpferde durch große Schnelligkeit, die Kaltblutpferde durch hohe Zugkraft aus; in der Rinderzucht sprechen wir von Milchrassen einerseits (z. B. Angler-Rind) und von Mastrassen andererseits (z. B. englisches Aberdeen-Angus-Rind); daneben stehen die Rassen mit mehrseitiger Leistung (z. B. Fleckvieh).

Beim Schwein kennen wir Rassen, deren Angehörige sich durchschnittlich durch schnelle Entwicklung und frühe Fettbildung in der Mast im Vergleich zu anderen auszeichnen (z. B. Berkshireschwein), beim Schaf solche mit besonders guter Mastfähigkeit (z.B. die englischen Fleischschafrassen) und solche mit besonders hochwertiger Wolle (z. B. Merinoschaf). Wenn somit auch zwischen den einzelnen Rassen, bedingt durch die durchschnittliche erbliche Veranlagung der Rassenangehörigen, typische ererbte und vererbbare Unterschiede bestehen können, so zeigt sich doch, daß keineswegs alle Tiere ein und derselben Rasse in den Nutzleistungen die gleiche Leistungshöhe aufweisen, sondern daß auch innerhalb einer Rasse recht erhebliche individuelle Unterschiede in den Leistungen bestehen. Diese Unausgeglichenheit innerhalb der Rassen ist zwar bis zu einem gewissen Grad im Laufe der Zeit durch die züchterischen Maßnahmen des Menschen eingeschränkt worden, sie ist aber immer noch sehr groß. Sind schon in den Erbanlagen solche Unterschiede vorhanden, so wird das äußere, phänotypische Bild der Leistungen dadurch noch bunter und uneinheitlicher, daß die wechselnden und unterschiedlichen Umweltsverhältnisse zu einer weiteren Vergrößerung der Variationsbreite beitragen.

Die seit einigen Jahrzehnten in steigendem Maße sich einbürgernden Leistungsprüfungen haben uns wertvolle Aufschlüsse gebracht und ein interessantes und vielseitiges Material zum Studium der Leistungen und der Leistungsfähigkeit der landwirtschaftlichen Nutztiere geliefert; seine Auswertung ist nicht nur für die praktische Züchtung, sondern auch für die Tierzuchtforschung geradezu unentbehrlich.

Das Problem der Leistungsprüfungen ist, Methoden zu finden, die einerseits ein möglichst zuverlässiges Bild der Leistungsfähigkeit eines Tieres geben und die andererseits für die Durchführung unter praktischen Verhältnissen nicht zu kompliziert und zu kostspielig sind. Beiden Forderungen zu entsprechen ist nicht einfach, und noch nicht alle bis jetzt ausgearbeiteten Prüfungsverfahren werden ihnen schon voll gerecht. Erste Aufgabe der Leistungsprüfungen ist es, zunächst einmal überhaupt Unterlagen und Anhaltspunkte bezüglich der Leistungshöhe der Tiere zu gewinnen und die Schwankungsbreite dieser Leistungen kennenzulernen. Züchterisch interessieren die Leistungsprüfungen vor allem deshalb, weil man aus der Kenntnis der Leistungen eines Tieres, seiner Vorfahren und auch möglichst seiner Nachkommen Schlüsse auf seinen erblichen Leistungswert ziehen und im Laufe der Zeit Familien und Linien mit besonderen Leistungen in den einzelnen Zuchten und Zuchtgebieten ausfindig machen bzw. erblich Minderwertiges ausmerzen kann. Die außerordentliche Bedeutung der Leistungsprüfungen geht daraus hervor, daß letzten Endes die Leistung bzw. Leistungsfähigkeit für den wirtschaftlichen Wert der Tiere das allein Entscheidende ist.

Leistung ist in der Tierzucht ein vielseitiger Begriff; er bezieht sich auf die mechanische Arbeit, die Schnelligkeit des Wachstums, auf Größe und Beschaffenheit verschiedener Körperteile, auf Menge und Zusammensetzung von Körpersekreten, auf die Schärfe von Sinnesorganen, auf Zuchteigenschaften und vieles andere. Man spricht bei den Leistungsprüfungen von relativen Leistungen im Gegensatz zu absoluten, wenn sie mit der Menge und Art des aufgewendeten Futters in Beziehung gesetzt werden, was immer anzustreben ist.

Die züchterische Auswertung von Leistungsprüfungen setzt eine genaue Registrierung ihrer Ergebnisse voraus. Diese erfolgt in der Regel durch Führung besonderer Leistungsbücher (z. B. Rinderleistungsbuch, Schweineleistungsbuch); die wichtigsten Ergebnisse der Prüfungen werden in die Zuchtbücher und auch in die Abstammungsnachweise übernommen. Als besonders wichtige Leistungen werden in den Leistungsprüfungen vor allem geprüft und bewertet: 1. Fruchtbarkeit und Aufzuchtvermögen, 2. Entwicklungsfähigkeit (Wüchsigkeit), 3. Mastfähigkeit, 4. Milch- und Fettleistung, 5. Wollerzeugung, 6. Arbeitsleistung.

Um die Fruchtbarkeit ermitteln zu können, wird man zunächst den regelmäßigen Eintritt der Befruchtung der weiblichen Tiere nach erfolgter Paarung und die regelmäßige Folge der Trächtigkeiten und ihren Ablauf beobachten. Bei den vielgebärenden Tieren, namentlich beim Schwein, besteht ein sehr wesentlicher Teil der Leistungsprüfung in der Zählung und Wägung der Jungen eines jeden Wurfes und in der Beurteilung ihres Entwicklungszustandes und ihrer Lebensfrische. Um die *Jugendentwicklung* (Wüchsigkeit) festzustellen, werden periodische Wägungen in der Entwicklungszeit vorgenommen. In der ersten Zeit nach der Geburt stellen die dabei gewonnenen Werte nicht nur einen Ausdruck der Wachstumsfähigkeit der jungen Tiere und gegebenenfalls auch schon der Umwelteinflüsse (Beifutter) dar, sondern auch der Säugeleistung (Milchergiebigkeit) und des sonstigen Aufzuchtvermögens der Muttertiere.

Die *Mastleistung* läßt sich in der Weise kontrollieren, daß man einerseits die Größe und Geschwindigkeit der Gewichtszunahme, andererseits die Höhe der Schlachtausbeute und die Beschaffenheit der Schlachtware besonders auch bezüglich des Anteils von Fleisch und Fett feststellt. Von großer Bedeutung ist gerade bei der Mast die Ermittlung des Futterverwertungsvermögens, denn bei dieser Nutzleistung werden die Gesamtkosten durch die Futterkosten wesentlich bestimmt. Züchterisch lassen sich diese Prüfungen am schnellsten auswerten, wenn jugendliche Tiere geprüft werden können, deren Eltern noch am Leben sind; deshalb sind die raschesten Zuchterfolge auf Grund von Probemästungen bei Tierarten mit schneller Jugendentwicklung und großer Nachkommenzahl zu erwarten (Schweine).

Durch die *Milchleistungsprüfungen*, die sogenannte Milchkontrolle, wird die gelieferte Milchmenge, der Fettgehalt der Milch und die aus Milchmenge und Fettgehalt sich errechnende Menge an Milchfett festgestellt.

In der Schafzucht werden *Prüfungen* zum Nachweis *der* in einem bestimmten Zeitabschnitt erbrachten *Wolleistung* nach Menge und Qualität der Wolle seit langem durchgeführt.

Prüfungen der Arbeitsleistung können sich erstrecken auf den Leistungsnachweis in Schritt, Trab und Galopp unter dem Reiter, auf die Tragleistung und auf die Zugleistung unter Berücksichtigung der zu bewältigenden Last und der Zuggeschwindigkeit.

Jede Leistungsprüfung gewinnt erheblich an Bedeutung und an züchterischem Wert, wenn sie nicht als kurzfristige Höchstleistungsprüfung, sondern als Dauerleistungsprüfung vorgenommen wird mit dem Ziel, die diesbezügliche Lebensleistung der Tiere zu ermitteln; in neuerer Zeit ist man mehr und mehr zu dieser Form der Leistungsprüfung übergegangen. Leistungsprüfungen können von einzelnen Züchtern und Tierhaltern vorgenommen werden; um allgemein anerkannt zu werden, müssen sie jedoch unter öffentlicher Kontrolle der Züchtervereinigungen oder anderer Organisationen nach bestimmten einheitlichen Richtlinien erfolgen.

Über die Art der Leistungsprüfungen bei den einzelnen Nutztieren ist folgendes zu sagen: Beim Rind können sich, der meist mehrseitigen Nutzung dieser Tierart entsprechend, die Leistungsprüfungen erstrecken auf die Prüfung der Milchmenge und des Fettgehaltes der Milch, auf den Nachweis der Mastleistung und denjenigen der Arbeitsleistung. Zuverlässige Prüfungen der beiden letztgenannten Leistungen sind in der Praxis schwer durchführbar und haben sich deshalb kaum eingebürgert. Die Milchleistungsprüfung ist dagegen beim Rind eine allgemein anerkannte und weitverbreitete Form der Leistungsprüfung. Die in Deutschland früher übliche, auf freiwilliger Beteiligung der interessierten Milchviehhalter beruhende Milchkontrolle wurde im Jahre 1936 durch die öffentliche sogenannte Pflichtmilchkontrolle ersetzt, die im Gegensatz zu den früheren Prüfungen auch die große Masse der Milchkühe erfaßte; seit 1945 ist die Beteiligung an den Milchleistungsprüfungen wieder eine freiwillige. Während bei der früheren, vor 1936 in den sogenannten Kontrollvereinen organisierten Milchkontrolle der Futteraufwand, wenn auch in einer von Fehlermöglichkeiten nicht freien Art und Weise, ermittelt wurde, beschränkte man sich später auf eine Prüfung der absoluten Leistungen. Die Milchkontrolle wird in der Weise vorgenommen, daß auf Grund der Ergebnisse von regelmäßig wiederholten Stichproben während der Milchzeit die Gesamtleistung in den einzelnen Milchzeiten bzw. die Lebensleistung errechnet wird.

Die Ergebnisse der Milchleistungsprüfungen werden für den beteiligten Tierhalter zunächst dadurch nutzbar gemacht, daß sich dieser ein Bild über die Leistungen seiner Tiere machen und die Futterkosten entsprechend bewerten kann. Die Milchkontrolle gibt also die Möglichkeit nach Leistung zu füttern und damit die Grundlage für eine rationelle Fütterung im Kuhstall; Tiere mit geringer

Leistung und schlechter Futterverwertung können erkannt und ausgeschieden werden.

Das Endziel der Milchleistungsprüfungen ist natürlich, wie das jeder Leistungsprüfung, die züchterische Auswertung der Ergebnisse; hier kommt man wesentlich langsamer vorwärts. Man fußt auf der Tatsache, daß die Leistungsfähigkeit für Milch- und Fetterzeugung wie jede andere Eigenschaft in der Anlage von den Vorfahren auf die Nachkommen übertragen wird; es handelt sich also darum, Familien und Linien mit guter Veranlagung für Milch- und Fettleistungen (hoher Fettgehalt) ausfindig zu machen und die Zuchten möglichst auf ihnen aufzubauen.

Die Forschung bemüht sich letzten Endes darum, aus den Ergebnissen der Milchkontrolle Aufschluß über den Gang der Vererbung der Milchmenge und des Fettgehaltes der Milch und die dabei beteiligten Erbfaktoren zu gewinnen; hier stehen wir trotz aller Bemühungen um die Lösung eines auch aus wirtschaftlichen Gründen äußerst wichtigen Problems noch ziemlich am Anfang.

Da bei den großen Haustieren das Zuchtexperiment schon aus finanziellen Gründen zur Klärung von Vererbungsfragen nur in seltenen Fällen in Betracht kommt, ist die Forschung an der genetischen Auswertung des bei den Leistungsprüfungen anfallenden Materials nicht weniger interessiert als die Praxis. Als bisheriges Ergebnis der wissenschaftlichen Auswertung der Milchkontrolle kann man immerhin die wichtige Erkenntnis buchen, daß im Einzelfall das männliche Zuchttier auf die Vererbung der Milchmenge und des Fettgehalts der Milch von gleichem Einfluß ist wie das weibliche, was durchaus den allgemeinen Vererbungsgesetzen entspricht. Nicht weniger bedeutsam ist die aus den Leistungsprüfungen und ähnlichen Untersuchungen nachweisbare Tatsache, daß die Milchmenge und der Fettgehalt unabhängig voneinander vererbt werden, eine züchterische Vereinigung der Anlagen für hohe Milchmenge und hohen Fettgehalt in einem Tier also möglich ist; sie ist in der Praxis auch schon nicht selten erreicht worden.

Eine Registrierung besonders leistungsfähiger Milchkühe erfolgt im sogenannten Rinderleistungsbuch; es können nur weibliche Tiere eingetragen werden, die auf die Dauer besonders hohe Milch- und Fettleistungen erbracht und außerdem durch Lieferung einer ausreichenden Zahl von Kälbern auch ihre Zuchtleistung unter Beweis gestellt haben. Auch Bullen finden Aufnahme in das Rinderleistungsbuch, wenn eine Mindestzahl ihrer Töchter eingetragen ist.

Die S c h w e i n e l e i s t u n g s p r ü f u n g e n haben uns zunächst sehr aufschlußreiche Kenntnisse über verschiedene Leistungen der Schweine gebracht, die ihren Nutzwert vor allem bestimmen. Erst mit Hilfe solcher in größerem Umfang durchgeführter Prüfungen war es überhaupt möglich, zuverlässige Werte über die normale Futterverwertung, die Mastdauer, die Ausschlachtung usw. zu gewinnen. Bewertet wird bei solchen Probeschlachtungen vor allem das Ausschlachtungsergebnis im Vergleich zur Lebendbeurteilung, der Schlachtverlust, der Fleisch- und Fettanteil der Schlachtware, die Fleisch- und Fettqualität. Dabei war festzustellen, daß hinsichtlich aller dieser Eigenschaften zwischen den einzelnen Tieren bzw. Familien und Blutlinien mitunter erstaunliche Unterschiede vorhanden sind. Bei der weitgehenden Gleichgestaltung der Umweltverhältnisse, wie sie durch die Zentralisierung der Leistungsprüfungen in wenigen Probemastanstalten gewährleistet ist, müssen diese Unterschiede in den geprüften Leistungen praktisch allein auf die genetische Verschiedenheit der Individuen, Familien und Stämme zurückgeführt werden. Wenn aber schon bei diesen Leistungsprüfungen, die in der Hauptsache nur mit guten, in Herdbüchern eingetragenen Tieren vorgenommen werden, solche Unterschiede auftreten, dann kann man sich leicht vorstellen, daß sie in der allgemeinen Landeszucht noch erheblich größer sind. Mastleistungsprüfungen sind um so notwendiger, je größere Ansprüche die Käufer an die Qualität der Schlachtware stellen und je mehr die Wirtschaftslage die Erzeuger zu sorgfältiger Kalkulation der Gestehungskosten zwingt.

Das Deutsche Schweineleistungsbuch ist ein dem deutschen Rinderleistungsbuch entsprechendes Leistungsregister. Die Eintragung in dieses Leistungsbuch setzt den Nachweis bestimmter Mindestleistungen voraus.

Leistungsprüfungen bei Pferden in Form von Rennen sind die älteste Art der Leistungsprüfungen wohl überhaupt. Vom züchterischen Standpunkt aus betrachtet haben die Pferderennen den Zweck, die Leistungsfähigkeit eines Pferdes in der Entfaltung großer Schnelligkeit im Galopp oder Trab, u. U. bei gleichzeitiger Prüfung des Springvermögens auf mehr oder weniger langen Strecken zu ermitteln.

Am längsten kennt man planmäßig durchgeführte Rennen (Galopprennen) in der englischen Vollblutzucht. Diese stellt eine ausgesprochene Leistungszucht dar, denn es werden seit langem nur Tiere zur Zucht verwendet, die auf der Rennbahn ihre Leistungsfähigkeit erwiesen haben. Die Traberzucht und mit ihr die Trabrennen haben in den letzten Jahrzehnten in Deutschland einen großen Aufschwung genommen. Züchterisch gesehen kommt nicht nur den Rennen selbst, sondern ebenso sehr dem Training, der Vorbereitung auf die Rennen, eine große Bedeutung zu; es stellt eine harte und schwere Prüfung dar, der nur widerstandsfähige Tiere gewachsen sind. Das ganze Rennwesen ist heute von rein sportlichen und wirtschaftlichen Einflüssen stark beherrscht, die die züchterischen Gesichtspunkte mitunter in den Hintergrund treten lassen. Für Warmblutpferde stellen die Reit- und Fahrturniere eine wertvolle Form der Leistungsprüfung dar. In der Kaltblutzucht und in gewissem Umfang auch in der Warmblutzucht haben sich die Zugleistungsprüfungen mehr und mehr durchgesetzt; sie dienen der Prüfung von Zugfähigkeit, Ganggeschwindigkeit und Ausdauer im schweren Zug. Von besonderer Bedeutung wären Leistungsprüfungen für Arbeitspferde unter den Arbeitsverhältnissen des landwirtschaftlichen Betriebes, findet doch die überwiegende Mehrzahl aller Pferde in der Landwirtschaft Verwendung; die allgemeinere Einführung solcher Prüfungen ist bisher an den technischen Schwierigkeiten ihrer Durchführung gescheitert. Die Leistungen der Arbeitspferde in der Landwirtschaft werden noch sehr häufig durch die Verwendung ungeeigneter, altmodischer, kräftezehrender Fahrzeuge und Ackergeräte herabgesetzt; ihre Verbesserung ist eine dringende Notwendigkeit, wenn das Arbeitspferd sich im Wettkampf mit dem Motor behaupten soll.

Die Leistungsprüfungen bei Schafen dienen vor allem der Bewertung (Bonitierung) der Wolle und der Ermittlung des Schurgewichts; Leistungsprüfungen dieser Art sind in den führenden Schafzuchtgebieten z. T. seit langem üblich und fanden als sogenannte Probeschuren u. a. auf den großen Ausstellungen der Deutschen Landwirtschaftsgesellschaft regelmäßig statt. Die richtige Beurteilung der Wolle erfordert große Erfahrung und Übung, besonders bei den feinen Wollen nach Art der Merinowollen.

Bei den Ziegen lassen sich Leistungsprüfungen in Form von Milchkontrollen infolge der Zersplitterung der Bestände nur schwer durchführen. Bei Spitzentieren hat die Milchleistungsprüfung z. T. erstaunlich hohe Leistungen ermittelt.

Die Leistungen unserer landwirtschaftlichen Nutztiere sind durch verbesserte Züchtung, Fütterung und Haltung im Laufe der Zeit immer mehr erhöht worden; wir verfügen heute in allen Zweigen der Nutztierhaltung über Tiere und Bestände, die hohen Anforderungen gerecht werden. Daß zwischen den Eigenschaften und Leistungen der Wildformen unserer Haustiere und den heutigen Kulturrassen z. T. erstaunliche Unterschiede bestehen, bedarf keines besonderen Beweises.

Die Anforderungen, die durch die heutigen wirtschaftlichen Verhältnisse und die Notwendigkeit einer rentablen Wirtschaftsweise gestellt werden, machen es notwendig, auf eine weitere Steigerung der Leistungsfähigkeit der landwirtschaftlichen Nutztiere hinzuarbeiten. Es ist nicht zu bestreiten und jederzeit unschwer nachweisbar, daß die Leistungsspanne zwischen den führenden Wirtschaften und der großen Masse der landwirtschaftlichen Betriebe in jeder Beziehung außerordentlich groß ist; sie zu verringern ist die hauptsächlichste Aufgabe aller mit der Förderung der Tierzucht und -haltung betrauten Dienststellen und Organisationen und vor allem der Tierhalter selbst. Die sogenannte organisierte Tierzucht, die Herdbuchzucht, hat die Aufgabe in noch stärkerem Maße als bisher die allgemeine Landeszucht mit hochwertigen Zuchttieren zu angemessenen Preisen zu beliefern, während die Masse der Betriebe vor allem durch Verbesserung der Haltung und besonders auch der Fütterung dafür zu sorgen hat, daß die Erbanlagen der Tiere voll zur Entfaltung gelangen und ausgenützt werden, was heute durchaus noch nicht überall der Fall ist.

Im volkswirtschaftlichen Interesse liegt es nicht, daß in einzelnen Betrieben durch besonders ausgeklügelte Methoden die Leistungen übersteigert werden und dabei das Risiko einer Konstitutions- und Gesundheitsschädigung mit in Kauf genommen werden muß; weit wichtiger ist es, die Durchschnittsleistungen im allgemeinen zu verbessern und damit die Tierhaltung rentabler zu gestalten.

Die großen Unterschiede in den Leistungen guter und rückständiger Betriebe lassen sich überzeugend aus den Ergebnissen der Pflichtmilchkontrolle nachweisen. Die nachstehenden Zahlenangaben sind dem Bericht über die Prüfungsergebnisse des Kontrolljahres 1937 entnommen, welche 67% des damaligen deutschen Milchviehbestandes erfaßten. Für das Höhenfleckvieh und das schwarzbunte Niederungsvieh als die beiden weitaus verbreitetsten deutschen Rinderrassen und für die Gesamtheit aller im Jahre 1937 kontrollierten Kühe ergibt sich folgendes Bild der Milch- und Milchfettleistungen:

Durchschnittliche Milch- und Milchfettleistungen im Kontrolljahr 1937

	Herdbuchtiere		alle kontrollierten Tiere	
	Milch kg	Milchfett kg	Milch kg	Milchfett kg
Höhenfleckvieh .	2830	108	2190	94
Schwarzbuntes Tieflandrind .	4022	135	3356	109
alle geprüften Tiere	3634	126	2909	103

Die Milch- und Milchfettleistungen der Herdbuchtiere liegen demnach sowohl beim Fleckvieh und den Schwarzbunten als auch bei der Gesamtheit der kontrollierten Tiere erheblich höher als diejenigen aller kontrollierten Tiere überhaupt. Die Herdbuchzucht ist somit ihrer Aufgabe, in Züchtung und Haltung der Tierbestände die führende Rolle für die Landeszucht zu übernehmen, offenbar schon weitgehend gerecht geworden. Die für einzelne Tiere ermittelten Höchstleistungen an Milch und Milchfett liegen noch weit über den Durchschnittsleistungen der Herdbuchtiere. So ist im Schwarzbuntzuchtgebiet eine Spitzenjahresleistung von 16461 kg Milch und eine solche von 614 kg Milchfett erreicht worden; diese Leistungen sind um ein Vielfaches höher als die in der Landestierzucht erreichten Durchschnittsleistungen. Wesentlich bedeutsamer aber ist die Tatsache, daß in das Deutsche Rinderleistungsbuch Hunderte von Kühen mit Lebensleistungen von 50000 kg Milch und mehr als 1500 kg Milchfett eingetragen worden sind, und daß auch Tiere mit 80—110000 kg Milch und mit 2500—3800 kg Milchfett als Lebensleistung bei gleichzeitigem Nachweis der für die Eintragung in das Leistungsbuch geforderten Kälberzahl nicht nur vereinzelt vorhanden sind.

Auch aus der Schweinezucht stehen uns Zahlen zur Verfügung, die als Beleg dafür gelten können, daß in der Leistungsfähigkeit bzw. den Leistungen der Tiere erhebliche individuelle Unterschiede bestehen, die auf züchterischem Wege ausgeglichen werden müssen. Für das veredelte Landschwein wurde an rund 40000 Würfen eine durchschnittliche Wurfgröße von 10,3 Ferkeln bei der Geburt und 8,2 Ferkeln am 28. Lebenstag festgestellt und ein durchschnittliches Gesamtwurfgewicht von 46,1 kg am 28. Lebenstag. Dabei schwankte diese Leistung individuell in der Wurfgröße bei der Geburt bzw. am 28. Lebenstag zwischen 1—22 bzw. 1—18 Ferkeln, im Wurfgewicht am 28. Lebenstag zwischen 8,2 und 174 kg. Auch für den zur Erzielung einer Gesamtzunahme von 100 kg in einem bestimmten Mastabschnitt bei einheitlicher Fütterung und Haltung bei diesen Prüfungen erforderlichen Aufwand an Gerste ergaben sich große individuelle Unterschiede; für ein großes Tiermaterial lagen die Schwankungsgrenzen des Futteraufwandes zwischen 290 kg und 425 kg Gerste bei einem Durchschnitt von 360 kg. Die Notwendigkeit durch eine planmäßige Zuchtwahl die schlechten Futterverwerter mehr und mehr auszumerzen und dadurch die durchschnittliche Futterverwertung bei der Mast zu verbessern, wird durch diese Zahlen deutlich bewiesen. Auch die Mastgeschwindigkeit, die in der durchschnittlichen Tagesgewichtszunahme der Tiere während der Mastzeit zum Ausdruck kommt, ist unter gleichen Fütterungs- und Haltungsverhältnissen infolge der unterschiedlichen Veranlagung der Tiere individuell sehr verschieden; so wurden beim veredelten Landschwein in den Mastleistungsprüfungen für die Mast von 30 auf 100 kg Lebendgewicht für eine große Anzahl von Tieren im günstigsten Falle Tageszunahmen von 796 g für kastrierte männliche und von 786 g für weibliche Tiere ermittelt, im ungünstigsten Falle dagegen Tageszunahmen von nur 504 g bzw. 460 g, während die durchschnittlichen Tageszunahmen bei 651 bzw. 630 g lagen. Unterschiede entsprechender Art ergaben sich auch bei der Ausschlachtung hinsichtlich des Schlachtverlustes, der Ausbildung der besonders wertvollen Fleischpartien, der Speckbildung usw.

Wir müssen davon absehen, entsprechende Betrachtungen auch für die Leistungen von Pferden, Schafen und Ziegen anzustellen; sie würden grundsätzlich das gleiche Bild ergeben.

Die Bedeutung einer planmäßigen Zuchtwahl nach den ererbten und vererbbaren Leistungsanlagen neben einer guten Haltung und Fütterung geht aus dem Gesagten wohl überzeugend genug hervor. Je mehr es gelingt, in den Rassen und Beständen Familien und Blutlinien ausfindig zu machen, die erblich in dem gewünschten Sinn gut veranlagt sind und diese guten Anlagen möglichst zu verbreiten, desto mehr wird man dem Ziel näherkommen, durch Zuchtauslese die durchschnittliche Höhe der Leistungen zu verbessern.

IV. Züchtung

Bei den Nachkommen von Lebewesen aller Art, also auch unserer Haustiere, zeigen sich — wie die Erfahrung lehrt — Merkmale und Eigenschaften, die entweder beim Vater oder bei der Mutter oder bei beiden Eltern erkennbar sind, mitunter aber auch solche, die bei keinem der Eltern in Erscheinung treten, wohl aber bei einem oder mehreren früheren Vorfahren zu beobachten waren. Dieses Wiederauftreten elterlicher oder voreIterlicher Eigenschaften bei den Nachkommen bezeichnet man als Vererbung. Wesentlich ist die Tatsache, daß nicht die Eigenschaften und Merkmale als solche, sozusagen fix und fertig auf die Nachzucht übertragen werden, sondern nur die Anlagen dazu, d. h. die Fähigkeit, sie unter bestimmten Bedingungen zu entfalten. Die Übertragung bzw. das Vorhandensein der entsprechenden Erbanlagen ist die Voraussetzung für das Auftreten der einzelnen Eigenschaften bei den Nachkommen; für den Züchter ergibt sich daraus die Forderung, dafür zu sorgen, daß die Weitergabe der Erbanlagen für erwünschte und wertvolle Eigenschaften und Merkmale gefördert und möglichst sichergestellt, diejenige von Anlagen für unerwünschte, wertmindernde aber unterbunden wird.

Anlagen, die bei den Elterntieren und einer großen Zahl weiterer Vorfahren vorhanden sind, werden mit größerer Wahrscheinlichkeit auf die Nachkommen übertragen als andere. Ob ein Tier bestimmte Erbanlagen besitzt oder nicht, läßt sich nicht in jedem Fall unmittelbar an ihm selbst erkennen, man kann dies vielmehr meist nur indirekt und nur mit einer mehr oder weniger großen Wahrscheinlichkeit, nicht selten aber überhaupt nicht feststellen. Daraus ergibt sich, daß die äußere Erscheinungsform, d. h. das, was wir an einem Lebewesen an Eigenschaften und Merkmalen erkennen und feststellen können (Phänotyp), nicht unbedingt ein getreues Spiegelbild seiner Erbanlagen ist, sondern daß es in mehr oder weniger großem Umfang Erbanlagen, und zwar gute und schlechte, auf seine Nachkommen übertragen kann, die bei ihm selbst nicht sichtbar werden (verdeckte Erbanlagen).

Diese Tatsachen, die die züchterische Arbeit wesentlich erschweren und in ihren Ergebnissen bis zu einem gewissen Grad vom „Zufall", vom „Züchterglück" abhängig machen, erklären sich aus den Vorgängen, die zu gewissen Zeiten in den Geschlechtszellen ablaufen und aus den allgemeinen Vererbungsgesetzen[1]). Ausgang für die Entwicklung eines neuen Lebewesens ist die als Befruchtung bezeichnete Vereinigung einer männlichen mit einer weiblichen Geschlechtszelle; sie wird normalerweise durch die Paarung, d. h. die geschlechtliche Vereinigung zweier Tiere herbeigeführt, neuerdings vor allem beim Rind in steigendem Maße auch durch die sogenannte künstliche Besamung.

Bei der Befruchtung dringen die wesentlichen Bestandteile einer männlichen Geschlechtszelle — einer Samenzelle — in die weibliche Geschlechtszelle — die Eizelle — ein. Da die Geschlechtszellen als Träger der Erbanlagen angesehen werden müssen, bedeutet die stoffliche Vereinigung zweier verschiedengeschlechtlicher Geschlechtszellen zugleich auch die Vereinigung von Erbanlagen, die von beiden Eltern stammen, also väterlicher und mütterlicher Anlagen. In der befruchteten Eizelle, die den Ausgang des sich im Mutterleib entwickelnden neuen Lebewesens bildet, sind somit von beiden Eltern stammende Erbanlagen vorhanden. Als bedeutungsvoll erweist es sich dabei, daß die für eine Befruchtung in Frage kommenden Geschlechtszellen immer nur einen Teil ihrer ursprünglich

[1]) Über den Rahmen dieses Buches hinausgehende gemeinverständliche Darstellungen der wichtigsten Gesetze und Probleme der Vererbungslehre geben u. a. die Schriften von Kühn, Reinöhl und Goldschmidt (s. Schrifttumsverzeichnis!)

vorhandenen Erbanlagen besitzen, weil sich in ihnen Vorgänge abgespielt haben, die als Folge von Zellteilungen zu einer Teilung der ursprünglich vorhandenen Zellsubstanz und damit auch zu einer Teilung der in dieser enthaltenen Erbanlagen führen. Vor diesen „Reifeteilungen“ enthalten die Geschlechtszellen jede Anlage in doppelter Zahl, je einmal vom Vater und von der Mutter, also als Anlagenpaar, während die befruchtungsfähigen „reifen“ Geschlechtszellen von jedem dieser Anlagenpaare nur noch einen Paarling besitzen, der entweder von der väterlichen oder von der mütterlichen Seite stammt oder je ein Stück des väterlichen oder mütterlichen Paarlings besitzt.

Der Befruchtungsvorgang führt zu einer Vereinigung väterlicher und mütterlicher Anlagen bei dem aus der befruchteten Eizelle sich entwickelnden Jungen, der Reifungsvorgang gibt die Erklärung für die zunächst überraschende Tatsache, daß Erbanlagen, die der Vater oder die Mutter nachweislich besitzen, bei den Nachkommen nicht immer vorhanden sind.

Bei jeder Befruchtung können Erbanlagen vom Vater oder der Mutter her in verschiedenster Weise nach den Gesetzen des Zufalls sich vereinigen; so wird verständlich, daß die Nachkommen in der Gesamtheit ihrer Erbanlagen, in ihrer Erbmasse, sich voneinander und von jedem einzelnen Vorfahren weitgehend unterscheiden können. Aus der Fülle möglicher Neukombinationen erklärt sich schon die unterschiedliche erbliche Beschaffenheit der Nachkommenschaft. Das mitunter feststellbare Auftreten völlig neuer, bei den Vorfahren nicht beobachteter Eigenschaften und Merkmale kann auf plötzlichen Abänderungen von Erbanlagen beruhen, die man als Mutationen bezeichnet; sie sind aus der Tier- und besonders der Pflanzenwelt bekannt. Die Ursachen, die zur Auslösung von Mutationen führen können, kennen wir in den meisten Fällen nicht, doch darf man annehmen, daß einschneidende Änderungen der Umweltverhältnisse, in denen die Tiere leben, das Auftreten von Mutationen begünstigen; da die Domestizierung von Tieren, ihre Überführung in den Haustierstand, zweifellos in vielen Fällen erhebliche Änderungen ihrer ganzen Lebenslage zur Folge hatte, überrascht es nicht, daß „Domestikationsmutationen" nicht selten vorkommen. Mutationen können natürlich nur dann erkannt werden, wenn sie nach außen hin deutlich genug in Erscheinung treten; soweit sie in erwünschter Richtung liegen, können sie züchterisch ausgenützt werden. Versuche mit Pflanzen und auch mit Insekten haben erwiesen, daß künstliche Einwirkungen von außen, wie etwa durch Röntgen- und Radiumstrahlen, bestimmte Chemikalien, extreme Temperaturen Mutationen bewirken können; bei unseren Haustieren ist es bisher nicht gelungen, auf künstlichem Wege Mutationen auszulösen, geschweige denn, sie in ihrer Richtung zu beeinflussen. Fälle der Nutzbarmachung von Mutationen in der Haustierzüchtung kennt man u. a. aus der Schafzucht, dort hat das sogenannte Ancon- oder Dackelschaf, das sich durch seine von dem normalen Schaf abweichende erblich bedingte Kurzbeinigkeit auszeichnet, eine gewisse Berühmtheit erlangt. Häufig sind mutative Veränderungen am Schädel von Haustieren vorgekommen, so besonders beim Hund, ferner in der Ohrform bei Hund, Rind, Schaf, Ziege und Schwein. Auch das Haarkleid von Haustieren hat mehrfach mutative Abänderungen erfahren; hier ist die eigentümliche Lockenbildung beim Karakulschaf als Beispiel einer Domestikationsmutation zu nennen.

Die bei den Kulturpflanzen vielfach festgestellte Vermehrung der Chromosomenzahl auf mutativem Wege, die sogenannte Polyploidie, scheint nach neuesten Forschungsergebnissen entgegen der bisherigen Annahme unseren Haustieren (Schwein) doch gewisse Parallelen zu haben.

Wenn als Folge einer Paarung nicht nur eine männliche und eine weibliche Geschlechtszelle sich vereinigen, sondern gleichzeitig zwei oder mehrere weibliche Geschlechtszellen von je einer männlichen befruchtet werden, kommt es zur Entstehung von Zwillingen oder Mehrlingen; abweichend davon entstehen die seltenen sogenannten eineiigen Zwillinge aus nur einer befruchteten Eizelle.

Durch die Befruchtung ist die Entscheidung über den Erbwert eines Tieres gefallen, d. h. sein Bestand an Erbanlagen ist festgelegt und — von der Möglichkeit mutativer Abänderungen abgesehen — unveränderlich. Wie sich die vorhandenen Anlagen entwickeln und entfalten, ist jedoch noch keineswegs entschieden, dies hängt vielmehr weitgehend von den Lebensbedingungen ab, unter denen das betreffende Tier aufwächst und weiterhin gehalten wird. Für die praktische Tierhaltung ist die Erkenntnis von ausschlaggebender Bedeutung, daß die Summe der Einwirkungen, die von außen her an das Tier herangetragen werden, die sogenannten Umwelteinflüsse und die ganze Lebenslage, in der es sich befindet, für die Ausbildung der vorhandenen ererbten Anlagen maßgebend sind. In den landwirtschaftlichen Betrieben wird dieser fundamentalen Tatsache bedauerlicherweise noch recht oft zu wenig Rechnung getragen. Es ist zwecklos, Futter und Pflege an ein Tier zu verschwenden, das keine guten Erbanlagen mit auf den Lebensweg bekommen hat, denn ein solches Individuum wird sich nie zu einem wirklich brauchbaren und leistungsfähigen Zucht- und Nutztier entwickeln können, andererseits wird ein Tier, das mit den besten Anlagen ausgestattet ist, diese nicht voll zur Entfaltung bringen können, wenn ihm nicht die dazu notwendigen Umweltbedingungen nach Haltung und Fütterung geboten werden. Der Züchtung erwächst somit die Aufgabe, Tiere mit möglichst hochwertigen Erbanlagen zu erzeugen, die Haltung muß so gestaltet werden, daß sich diese Anlagen voll entfalten und auswirken können.

Vor allem den jungen heranwachsenden Tieren muß man gute Umweltbedingungen schaffen, denn sie sind gegen Mängel der Haltung und Fütterung empfindlicher als ausgewachsene Tiere. Dies gilt schon für die erste Entwicklung des Individuums im Mutterleib und es ist deshalb notwendig, die Muttertiere von Beginn der Trächtigkeit an vor allen Einflüssen zu schützen, die sich auf die Leibesfrucht ungünstig auswirken können.

Man arbeitet in der praktischen Züchtung nach gewissen Methoden, nach bestimmten Zuchtverfahren, die sich in der Praxis bewährt haben und die auch von der Tierzuchtwissenschaft theoretisch als brauchbar und berechtigt anerkannt werden; diese Zuchtverfahren gehen von der Rasse oder dem Schlag als Grundlage aus. Um zu einem Einblick und Verständnis in die heutigen Arbeitsmethoden der Tierzüchtung zu gelangen, ist es deshalb notwendig, sich mit dem Rassebegriff und den wichtigsten Rassefragen der landwirtschaftlichen Tierzucht vertraut zu machen.

a) Rassebegriff und Rassemerkmale

Die zoologische Systematik gliedert das Tierreich in einzelne Arten auf. Man versteht unter einer Art eine Gruppe von Tieren die bestimmte morphologische und physiologische Merkmale, die sogenannten Artmerkmale, besitzen und in Körperform und Leistung eine gewisse Übereinstimmung zeigen. Angehörige ein und derselben Art sind untereinander unbedingt fruchtbar, d. h. sie erzeugen Nachkommen, die miteinander gepaart ebenfalls wieder fruchtbare Nachkommen liefern. In einer zoologischen Art jeweils zusammengefaßte Tiere unterscheiden sich aber trotz ihrer Übereinstimmung in den Artmerkmalen doch in vieler Hinsicht voneinander; dieser Umstand macht für die Arbeit des Tierzüchters eine Aufteilung der Arten in weitere Untergruppen erforderlich, die nach dem tierzüchterischen Sprachgebrauch als Rassen bezeichnet werden.

Im Laufe der Zeit haben sich viele Autoren bemüht, eine Definition des Begriffes „Rasse" im Sinne der landwirtschaftlichen Tierzucht zu geben; dabei hat sich gezeigt, daß eine prägnante und zugleich erschöpfende Kennzeichnung dieses Begriffes kaum möglich ist. Wir können davon absehen, eine Vielzahl mehr oder weniger glücklich formulierter Definitionen wiederzugeben, die das Verständnis kaum fördern, leicht aber Verwirrung anrichten könnten. Es mag genügen, als Beispiel solcher Formulierungen und zugleich als Beweis für das Bestehen der genannten Schwierigkeiten bei ihrer Fassung die Erläuterung des Rassebegriffes nach Kronacher[1]) anzuführen: „Unter einer Rasse verstehen wir heute im allgemeinen eine Gruppe von Tieren derselben Art, die auf Grund

[1]) Kronacher, C., Allgemeine Tierzucht, 3. Abt., 2. Aufl., Berlin 1922.

ihrer Abstammung, bestimmter morphologischer und physiologischer Eigenschaften und ihres Gebrauchszweckes eine engere Zusammengehörigkeit aufweisen, durch ihre äußeren Merkmale, Art und Umfang ihrer Leistungen sowie die zur Erzielung dieser Leistungen an die Lebensbedingungen gestellten Ansprüche sich von anderen Tiergruppen der gleichen Art unterscheiden und unter gleichbleibenden Umweltverhältnissen gleiche oder ähnliche Nachkommen liefern".

Das erste Kriterium für die Zugehörigkeit von Tieren zu ein und derselben Rasse ist, daß sie bestimmte Eigenschaften und Merkmale gemeinsam erkennen lassen, die zum mindesten in dieser Vereinigung den anderen Angehörigen der betreffenden Art fehlen. Die Angehörigen einer bestimmten Rasse sind um so leichter und eindeutiger als solche zu erkennen, je größer die Zahl und je deutlicher die Ausprägung der Merkmale ist, die sich als ihr gemeinsamer Besitz darstellen und je weniger diese bei rassefremden Tieren gemeinsam auftreten; mit anderen Worten, es werden sich die Angehörigen einer Rasse um so klarer als solche ausweisen, je mehr typische Rassemerkmale die betreffende Rasse in sich vereinigt, und je ausgeprägter diese bei den einzelnen Tieren in Erscheinung treten. Tiere, welche die für eine bestimmte Rasse kennzeichnenden Merkmale nicht oder zu wenig ausgeprägt erkennen lassen, bezeichnet man als rasselos. Die Erfahrung lehrt, daß in dieser Hinsicht zwischen den verschiedenen Rassen recht erhebliche Unterschiede bestehen können insofern, als manche Rassen über eine verhältnismäßig große Zahl solcher Rassemerkmale verfügen, während dies bei anderen nicht in dem Maße zutrifft. Man kann in diesem Zusammenhang einerseits von gut charakterisierten oder gut typisierten Rassen, andererseits von wenig oder schlecht charakterisierten oder typisierten Rassen sprechen. Als Beispiel gut charakterisierter Rassen können das Angler-Rind und das Berkshireschwein gelten; beide Rassen sind durch eine Anzahl gut erkennbarer morphologischer und physiologischer Rassemerkmale ausgezeichnet, durch die sie sich von den anderen Rassen ihrer Art deutlich unterscheiden.

Dem Angler Rind geben seine einfarbig rote Farbzeichnung, seine Mittelgröße, sein gegenüber anderen Tieflandschlägen geringeres Körpergewicht und seine den Milchtyp verkörpernden Formen ein kennzeichnendes Gepräge; die im Verhältnis zum Körpergewicht durchschnittlich hohe Milchleistung zeichnet diese Rasse vor anderen aus. Das Berkshireschwein unterscheidet sich schon rein äußerlich durch die Schwarzfärbung seines Haarkleides, die geringere Körpergröße, den gedrungenen, abgerundeten, kurzbeinigen Körperbau, den relativ kurzen, eingesattelten Kopf mit Stehohren von anderen Schweinerassen, dazu kommen als charakteristische physiologische Merkmale Frühreife und gute Mastfähigkeit mit großem Fettbildungsvermögen.

Der zweite wesentliche Bestandteil des Rassebegriffes, die gesicherte Übertragung der Rassemerkmale auf die Nachzucht, setzt voraus, daß die Angehörigen einer Rasse die Erbanlagen für die fraglichen Eigenschaften in ihrer Erbmasse besitzen, denn nur dann können sie dieselben weiter vererben. Nach unseren heutigen Kenntnissen über die Vererbungsvorgänge könnte man eigentlich nur solche Individuen als vollwertige Rassevertreter ansprechen, die für die betreffenden Merkmale und Eigenschaften reinerbig (homozygot) veranlagt sind, weil nur in diesem Fall bei ihrer wechselseitigen Paarung das Wiederauftreten der Rassemerkmale bei allen Nachkommen normalerweise gewährleistet ist, während anderenfalls Aufspaltungen der Erbanlagen und damit Veränderungen des Rassecharakters in den Nachzuchtgenerationen unvermeidlich sind.

Die theoretische Forderung nach einer Reinerbigkeit aller Rasseangehörigen bezüglich der Rassemerkmale ist praktisch niemals voll erfüllt, man muß sich aber darüber im klaren sein, daß diese Merkmale bei der Nachzucht durchschnittlich um so sicherer und regelmäßiger auftreten werden, je größer der prozentuale Anteil an Tieren innerhalb einer Rasse ist, die diese Voraussetzung erfüllen, oder — um nach dem tierzüchterischen Sprachgebrauch zu reden — je durchgezüchteter, „konsolidierter" eine Rasse in ihren Rasseeigenschaften ist.

Die Merkmale und Eigenschaften, die in der praktischen Züchtung heute allgemein oder zum mindesten bei bestimmten Rassen als Kriterium für die Zugehörigkeit eines Tieres zu einer Rasse, für seine Rassenreinheit, angesehen werden, also als Rassemerkmale gelten, sind verschiedenster Art; es kommen dafür sowohl morphologische als auch physiologische Merkmale und Eigenschaften in Frage. Aus ihrer Fülle seien nachstehend nur einige besonders wichtige herausgegriffen.

Gesamterscheinung und Gesamteindruck der Tiere sind für viele Rassen sehr charakteristisch, vererben sich innerhalb der betreffenden Rasse meist mit großer Sicherheit, sind äußerlich in der Regel leicht erkennbar und können somit in vielen Fällen als gutes Rassemerkmal angesprochen werden. Maßgebend für die Gesamterscheinung sind nicht nur die Körperdimensionen im ganzen, sondern auch die Proportionen der einzelnen Körperabschnitte zueinander. Gerade die vom allgemeinen Artcharakter abweichende Ausbildung einzelner Körperteile kann einer Rasse ein besonders kennzeichnendes Gepräge geben.

So kennen wir beispielsweise Rassen mit kurzem, gedrungenem und solche mit langem, schmalen Rumpf, Rassen mit ovalem und solche mit tonnenförmigem Brustquerschnitt, Rassen mit breitem, bzw. spitzem Becken, langbeinige und kurzbeinige Rassen. Die Umweltverhältnisse können mehr oder weniger modifizierend wirken, doch werden sich unter einigermaßen normalen Haltungsverhältnissen die kennzeichnenden Rassemerkmale erhalten.

Einzelne Rassen zeichnen sich durch den Besitz morphologischer Einzelmerkmale aus, die eine große Vererbungstreue besitzen und auf wechselnde Umweltverhältnisse wenig reagieren; solche Merkmale stellen dann einen gut gesicherten und leicht erkennbaren Rassebesitz dar. Zu diesen Rassemerkmalen sind unter anderem zu rechnen die Profillinie des Kopfes (Stirn-Nasenlinie) bei einzelnen Pferderassen und bei den Schweinen, die Hornform und -stellung bei manchen Rinderrassen, die Ohrform und -stellung bei den Schweinen, die Kruppen-(Becken-)form bei einzelnen Pferde- und Schweinerassen, die Schweifform und -haltung bei bestimmten Pferde-, Rinder- und Schafrassen. Versuche mit Schweinen haben zwar gezeigt, daß gewisse Modifikationen des rassemäßig bedingten Verlaufs der Profillinie durch eine extreme Fütterung erreichbar sind, und die Erfahrung lehrt, daß auch die Hornform und -größe beim Rind durch einschneidende und nachhaltige Veränderungen der Umweltverhältnisse, besonders der klimatischen Bedingungen beeinflußt werden kann; für die praktische Züchtung können die genannten Merkmale aber gleichwohl als recht zuverlässige Rassemerkmale gelten.

Farbe und Abzeichen sind vor allem bei Rind, Schwein und Ziege offensichtlich Rassemerkmale, denn für einzelne Rassen sind bestimmte Farbzeichnungen charakteristisch, dagegen bilden sie bei unseren deutschen Pferderassen kein Rassemerkmal, finden sich doch innerhalb einzelner Pferderassen recht verschiedene Farbtone nebeneinander, wenn auch bei manchen Rassen bestimmte Färbungen haufiger sind als andere. Die z. T. schon seit vielen Generationen planmäßig betriebene Zuchtwahl nach der Farbe hat zweifellos dazu beigetragen, daß viele unserer heutigen Haustierrassen im allgemeinen in der Färbung recht ausgeglichen sind und daß die Färbung nicht selten dasjenige Rassemerkmal darstellt, bei dem die erstrebenswerte Einheitlichkeit und Gleichheit schon am stärksten vorangetrieben ist, wahrend sie bei anderen wirtschaftlich weit wichtigeren Eigenschaften nicht selten noch zu wünschen übrig läßt. Umwelteinflusse vermogen das Rassemerkmal „Färbung" normalerweise kaum zu verändern. Aus dieser Tatsache erklärt es sich auch, daß zur Beurteilung der Rassezugehörigkeit bzw. Reinrassigkeit eines Tieres gerade Farbe und Abzeichen vielfach in erster Linie herangezogen werden; sie bilden ein leicht erkennbares Aushängeschild, eine Art Fabrikmarke für die betreffende Rasse. Besonders bei neuentstandenen, hinsichtlich anderer Eigenschaften noch wenig ausgeglichenen Rassen dienen Färbung und Zeichnung nicht selten als naheliegendstes, manchmal allein erkennbares Merkmal für die Prüfung der Rassezugehörigkeit.

Sogenannte Farbfehler, wie etwa Klauenflecke oder das Auftreten einer bestimmten Pigmentierung am Nasenspiegel der Rinder, werden bei manchen Rassen als unerwünscht angesehen, sie gelten als Zeichen dafür, daß das betreffende Tier nicht rasserein ist. Eine derartige Bewertung solcher Merkmale ist dann nicht unberechtigt, wenn die Annahme begründet erscheint, daß der „Farbfehler" die Folge unerwünschter, weil wirtschaftlich nachteiliger Einkreuzungen von Tieren anderer Rassen ist.

Die Konstitution ist zum mindesten bis zu einem gewissen Grade Rasseeigenschaft. Die in der Züchtersprache nicht ganz zutreffend als Akklimatisationsvermögen bezeichnete Anpassungsfähigkeit an veränderte Umweltverhältnisse ist wiederum offenbar von der Konstitution stark beeinflußt. Es kann deshalb nicht überraschen, daß auch diese wirtschaftlich so wichtige Eigenschaft bei den verschiedenen Rassen unterschiedlich ausgeprägt und damit selbst als Rassemerkmal anzusprechen ist. Schon die Tatsache, daß manche Rassen trotz unverkennbarer Vorzüge kein größeres Verbreitungsgebiet erobern konnten, während es anderen gelungen ist, sich über ihr ursprüngliches Heimatgebiet hinaus erheblich auszudehnen, beweist die rassemäßige Bindung des Anpassungsvermögens. Die Erfahrung hat immer wieder gezeigt, daß die einzelnen Rassen auf Veränderungen der Lebensbedingungen verschieden reagieren; die diesbezüglichen Unterschiede sind zum Teil sogar recht erheblich, woraus es sich auch zum mindesten teilweise erklärt, daß einzelne alte Haustierrassen trotz der weitgehenden Veränderungen von Haltung und Fütterung sich behaupten konnten, während andere untergegangen oder doch zu geringer Bedeutung verurteilt sind.

Da in der deutschen Tierzucht aus wirtschaftlichen Gründen sehr frühreife Rassen im allgemeinen nicht gehalten werden, kommen die kennzeichnenden Merkmale hier meist nicht so stark zum Ausdruck wie bei manchen ausländischen Rassen.

Als ein Rassemerkmal ist auch der Fettgehalt der Milch beim Rind anzusprechen. Der durchschnittliche Fettgehalt der Milch einzelner Rassen unterscheidet sich auch heute noch deutlich von dem anderer, allerdings wurde diese offenbar an sich bestehende rassemäßige Gebundenheit des Fettgehaltes durch züchterische Maßnahmen des Menschen z. T. schon erheblich gelockert, eine aus wirtschaftlichen Gründen bedeutsame Tatsache.

Die Reihe der mehr oder weniger stark als an die Rasse gebunden anzusprechenden Merkmale und Eigenschaften läßt sich unschwer noch fortsetzen, so sind hier u. a. zu nennen als morphologische Merkmale die Körpergröße und das Körpergewicht, die Skelettbildung, die Knochenstärke, die Dicke und Beschaffenheit der Haut, beim Rind die Pigmentierung der Hörner, der Klauen und des Nasenspiegels, als physiologische Eigenschaften Fruchtbarkeit, Futterverwertung, Mastfähigkeit, Arbeitstüchtigkeit, Wollertrag und Wollbeschaffenheit.

Es sind somit recht unterschiedliche Merkmale, die die praktische Züchtung als Rassekennzeichen zu bezeichnen pflegt. Es befinden sich darunter solche, die den Zucht- und Nutzwert eines Tieres offensichtlich nicht unmittelbar beeinflussen, die also an sich unwichtig sind, wie etwa Form und Stellung der Ohren oder der Verlauf der Profillinie des Kopfes, während dagegen beispielsweise die Fruchtbarkeit oder die Futterverwertung Eigenschaften von größter wirtschaftlicher Bedeutung sind. Wir finden sowohl morphologische als physiologische Merkmale, wir stoßen auf Eigenschaften, die leicht und eindeutig zu erkennen sind, so etwa eine bestimmte Farbzeichnung, aber auch auf solche, deren exakte Feststellung oft große Schwierigkeiten macht, wie dies z. B. bei der Futterverwertung der Fall ist. Bei nicht wenigen der genannten Merkmale und Eigenschaften handelt es sich offenbar um solche, die man schon bei oberflächlicher Betrachtung, sozusagen gefühlsmäßig, als Gruppen von Einzeleigenschaften, als Eigenschaftskomplexe, anzusprechen geneigt ist.

Es erhebt sich die Frage, warum man auch heute noch in der praktischen Züchtung dem Vorhandensein oder Fehlen bestimmter, als Rassemerkmale geltender Merkmale und Eigenschaften eine große Bedeutung beimißt, obwohl sie für den Nutz- und Zuchtwert an sich offenbar belanglos und somit ohne unmittelbaren wirtschaftlichen Wert sind. Es handelt sich dabei um Merkmale, die nach außen hin klar und deutlich in Erscheinung treten und die deshalb bei der Beurteilung eines Tieres auf seine Rassezugehörigkeit sogleich in die Augen fallen, was bei vielen sonstigen Rassemerkmalen nicht in diesem Maße oder überhaupt nicht der Fall ist. Um diese naheliegende Frage beantworten zu können, muß man sie von der Entstehung bzw. Entwicklung der Rassen her beleuchten.

Es ist nicht verwunderlich, daß man in einer Zeit, als die Züchtung noch auf einer verhältnismäßig niederen Stufe stand und die Zuchtwahl oft allein auf Grund der Beurteilung nach der äußeren Erscheinung erfolgte und mangels besserer Methoden und Bewertungsunterlagen auch erfolgen mußte, solchen „formalistischen“ Merkmalen eine große Bedeutung beimaß und sie als entscheidend für die Auswahl der Tiere bei der Zucht ansah. Die betonte Berücksichtigung derartiger Rassemerkmale bei der Züchtung mußte zwangsläufig dazu führen, daß sie in zunehmendem Maße Gemeinbesitz der betreffenden Rassen wurden, sich mit steigender Sicherheit auf die Nachkommen innerhalb der Rasse vererbten und damit mehr und mehr zu einem besonders charakteristischem Rassemerkmal wurden. Die Vererbungstreue und die leichte Erkennbarkeit waren es also, die zu der bevorzugten Bewertung dieser Merkmale führten, man glaubte in ihnen ein Mittel an der Hand zu haben, dessen Anwendung es erlaubte, die Zugehörigkeit eines Tieres zu einer bestimmten Rasse und seine Rassereinheit leicht und eindeutig festzustellen. In der vermeintlich gewährleisteten Rassereinheit sah man aber zugleich die Gewähr für den

Besitz aller anderen Eigenschaften, die man bei der betreffenden Rasse aus wirtschaftlichen Gründen wünschte und erwartete, man ging also von der falschen Voraussetzung aus, daß das Vorhandensein oder Fehlen bestimmter äußerlich leicht erkennbarer und sich sicher vererbender Merkmale genannter Art auch schon ohne weiteres das Vorhandensein oder Fehlen aller anderen Eigenschaften gewährleisten, die man jeweils ebenfalls als Rasseeigenschaften ansah. Man glaubte, daß „reinrassige" Tiere für alle solche „Rassemerkmale" gleich veranlagt seien, eine Ansicht, die sich, wie gesagt, als irrig erwiesen hat.

Heute wissen wir, daß die Angehörigen einer im landläufigen Sinne als Rasse anzusprechenden Gruppe von Tieren durchaus nicht in allen sogenannten Rasseeigenschaften übereinstimmen, sondern daß der Grad der Übereinstimmung in diesen Eigenschaften von der Entstehung der betreffenden Rasse, ihrer züchterischen Bearbeitung durch den Menschen und den Umweltverhältnissen abhängig ist, unter denen die Tiere leben, also von ihrer Erbmasse und ihrer Lebenslage.

Unsere Haustierrassen sind nach Zahl und Art nicht unveränderlich, man kann sie abändern und umzüchten und neue Rassen schaffen. Die Geschichte der Tierzucht lehrt, daß der Wechsel, dem sie unterworfen sind, durch wirtschaftliche und natürliche Faktoren verschiedenster Art verursacht sein kann. Haustierrassen sind je nach den zeit- und ortsbedingten natürlichen und wirtschaftlichen Verhältnissen entstanden, umgewandelt worden und wieder vergangen. Eine falsche Einschätzung der jeweiligen wirtschaftlichen Notwendigkeiten und züchterischen Möglichkeiten hat in dieser Hinsicht nicht gerade selten zu Maßnahmen geführt, die sich über kurz oder lang als Fehlschläge erwiesen und statt der erwarteten Verbesserung nur Nachteile gebracht haben. So sind Mißerfolge des öfteren eingetreten, wenn man in dem Streben nach einer Leistungssteigerung neue Rassen an Stelle der vorhandenen zu erzüchten versuchte ohne zu bedenken, daß neue oder umgezüchtete Rassen nur dann zu gedeihen und sich wirtschaftlich zu bewähren vermögen, wenn ihre Ansprüche an Haltung und Fütterung befriedigt werden können; diese Ansprüche steigen aber normalerweise mit den erhöhten Leistungen. Die Verkennung oder Vernachlässigung dieses züchterischen Grundgesetzes hat auch in unserer deutschen Tierzucht und besonders in der Rinderzucht viel Schaden verursacht und die Fortentwicklung der Zucht behindert. Auf der gleichen Linie liegt es, wenn in dem Bestreben, möglichst frühreife, große, schwere und massige Tiere zu erzüchten, zu wenig auf die Lebensbedingungen an dem jeweiligen Standort geachtet wurde, wenn man aus einem falschen Ehrgeiz etwa glaubte, auch in den von der Natur weniger gut bedachten Gebieten Rassen der genannten Art züchten zu sollen, weil sie anderswo mit Berechtigung und Erfolg gehalten werden.

Immer wieder hat sich gezeigt, daß die Bodenständigkeit eine wertvolle, ja unersetzliche Rasseeigenschaft ist, auf die man in der Regel nur mit großen wirtschaftlichen Opfern, meistens aber überhaupt nicht verzichten kann. Die Bodenständigkeit einer Rasse zeigt sich in ihrem Vermögen mit den örtlichen Bedingungen des Verbreitungsgebietes sich gut abzufinden, auch mit ungünstigen Standortverhältnissen fertig zu werden, günstige Umweltbedingungen möglichst vorteilhaft auszunützen und — soweit es sich um züchterisch bereits genügend bearbeitete Rassen handelt — die Rassemerkmale und -eigenschaften morphologischer, besonders aber auch physiologischer Art ohne allzu große Schwankungsbreiten deutlich erkennbar zu zeigen. Eine neu eingeführte oder eine erheblich umgezüchtete heimische Rasse bodenständig zu machen bzw. zu erhalten, sie mit den örtlichen Verhältnissen in guten Einklang zu bringen, ist in jedem Fall eine schwierige und oft recht langwierige Aufgabe, die man nur in wenigen begründeten Fällen auf sich nehmen sollte. Niemals aber sollte man vergessen, daß mit erhöhten Leistungen auch die Ansprüche zu steigen pflegen oder richtiger gesagt, daß die Erfüllung der erhöhten Ansprüche die Voraussetzung für die steigenden Leistungen ist.

Die Unterschiede in den morphologischen und physiologischen Rassemerkmalen zwischen den verschiedenen Rassen ein und derselben Haustierart sind z. T. außerordentlich groß. Besonders die englischen Tierzüchter haben in der Herauszüchtung neuer Rassen Erstaunliches geleistet und auch die deutsche Tierzucht liefert Beispiele sowohl der erfolgreichen

Schaffung neuer Rassen als auch der geglückten Umzüchtung schon vorhandener. Wie vielseitig die züchterischen Wege und Möglichkeiten in dieser Hinsicht sind, beweist ein Blick auf die Rassengeschichte unserer Haustiere und auf die Vielzahl der heute vorhandenen Rassen.

Unsere heutigen Rassen sind der züchterischen Bearbeitung durch den Menschen in unterschiedlichem Grade unterworfen worden, auch Art und Umfang der Beeinflussung ihrer Lebensverhältnisse sind verschieden. Manche Rassen unterliegen schon seit langem einer planmäßigen züchterischen Betreuung, während bei anderen von einer systematischen Auslese der Zuchttiere in größerem Umfang nicht gesprochen werden kann. Für viele Rassen haben sich die Lebensverhältnisse im Laufe der Zeit sehr erheblich geändert, bei anderen war dies nur in geringem Maß der Fall.

Man spricht von Landrassen (Naturrassen, Primitivrassen) bei solchen, die sich unter dem Einfluß der Umwelt, der „Scholle", ohne besondere züchterische Einwirkung des Menschen herausgebildet haben, während man Rassen, die vor allem durch menschliche Einflußnahme bei der Zuchtwahl und der Umweltgestaltung zustande gekommen sind, als Kulturrassen (Züchtungsrassen) bezeichnet. Die Benennungen Extensiv- und Intensivrasse decken sich im wesentlichen mit den genannten Bezeichnungen. Eine Zwischenstufe zwischen den Landrassen und den Kulturrassen bilden die sogenannten veredelten Landrassen (Übergangsrassen). Die Landrassen stehen den Wildformen der betreffenden Tierart näher als die Kulturrassen, aber auch sie haben sich nach Körperbau, Leistung und Ansprüchen schon recht weit von jenen entfernt. Landrassen im eigentlichen Sinne des Wortes sind in Deutschland nicht mehr vorhanden, denn auch bei unseren sogenannten Landrassen ist eine starke Beeinflussung durch züchterische Maßnahmen unverkennbar. Dies gilt z. B. für das hannover-braunschweigische Landschwein wie auch für die Heidschnucken. Zwischen den sogenannten veredelten Landrassen und den als Kulturrassen angesprochenen Rassen ist zum mindesten für unsere deutschen Verhältnisse der ursprünglich vorhandene Unterschied vielfach im Laufe der Zeit weitgehend verwischt worden. Im ganzen bestehen heute beispielsweise zwischen dem veredelten Landschwein und dem weißen Edelschwein wie auch zwischen dem veredelten Landschaf und dem schwarzköpfigen deutschen Fleischschaf hinsichtlich der züchterischen Bearbeitung keine wesentlichen Unterschiede mehr.

Merkmale, die auf die jeweiligen Umwelteinflüsse stark und leicht reagieren, sind als Rassemerkmale von zweifelhaftem Wert. Die mitunter besonders bei neuerzüchteten Rassen zu beobachtende Uneinheitlichkeit und Unausgeglichenheit in den sogenannten Rasseeigenschaften geht manchmal soweit, daß innerhalb einer solchen Rasse das Gemeinsame sich nur auf wenige Besonderheiten erstreckt, wenn man von einem gewissen einheitlichen Typ der Gesamterscheinung, also vom Fehlen extremer Abweichungen im Äußeren, von der gemeinsamen Abstammung und der einheitlichen Nutzungsrichtung absieht. Es sind in der Regel vor allem physiologische Eigenschaften, die stark variieren. In solchen Fällen ist die Frage wohl berechtigt, ob und wieweit man von diesen Eigenschaften als Rasseeigenschaften sprechen kann und ob es sich dabei nicht eigentlich um rein individuell bedingte Eigenschaften handelt, die nicht als gemeinsamer Rassebesitz angesprochen werden können. Wann im Einzelfall ein Merkmal als Rassemerkmal oder als Individualeigenschaft anzusehen ist, läßt sich oft kaum entscheiden; eine scharfe Grenze kann man zwischen beiden Begriffen überhaupt nicht ziehen. Bis zu einem gewissen Grad ist jedes Merkmal ein Individualmerkmal, denn bestimmte individuelle, genetisch, d. h. durch die Erbanlagen bedingte Unterschiede werden in jedem Fall zwischen den Angehörigen einer Rasse bestehen, wenn sie auch mitunter sich unserer Beobachtung entziehen. Es gibt Merkmale bzw. Merkmalskomplexe, die zwar als Rassemerkmal angesprochen werden können, gleichwohl aber stark individuell beeinflußt sind und deshalb auch bei den Angehörigen ein und derselben Rasse verhältnismäßig stark variieren.

Wie für viele Merkmale und Eigenschaften überhaupt, muß man auch für viele Rassemerkmale annehmen, daß sie nicht durch ein einzelnes Genpaar (Erbfaktorenpaar), sondern durch mehrere bedingt sind. Die Wahrscheinlichkeit, daß in solchen Fällen eine sichere Weitervererbung des Merkmals auf die Nachzucht gewährleistet ist, ist um so geringer, je größer die Zahl der beteiligten Faktorenpaare ist, weil mit ihrer Zahl auch die Zahl der Aufspaltungen zunimmt, es sei denn, daß die gepaarten Tiere beiderseits für alle diese Faktoren homozygot veranlagt sind, eine Voraussetzung, die nur sehr selten erfüllt sein dürfte. Wir können von vornherein annehmen und die fortschreitende wissenschaftliche Erkenntnis bestätigt diese Vermutung, daß gerade viele wirtschaftlich besonders wichtigen Rasseeigenschaften, wie z. B. die Milchmenge, die Mastfähigkeit oder die Konstitution durch mehrere, wenn nicht viele Erbfaktoren bedingt sind und daß deshalb vor allem bei diesen Eigenschaften eine sichere Weitervererbung nur unter günstigen Voraussetzungen erwartet werden darf. Die in der praktischen Züchtung immer wieder zu beobachtende große Variation solcher Eigenschaften innerhalb ein und derselben Rasse wird aus dieser Erkenntnis heraus verständlich.

Der aus der Vererbungslehre bekannte Begriff der Koppelung von Erbfaktoren bedarf im Zusammenhang mit der Vererbung von Rassemerkmalen der Erwähnung, denn das Auftreten gekoppelter Erbfaktoren kann für die praktische Züchtung von Bedeutung sein. Läßt sich etwa die gekoppelte Vererbung von Anlagen für ein äußerlich leicht und sicher feststellbares Rassemerkmal mit solchen für nicht unmittelbar erkennbare, aber wirtschaftlich wichtige Merkmale nachweisen, dann kann man mit Berechtigung aus dem Auftreten des ersteren Merkmals auf das Vorhandensein auch der letzteren schließen. Bestehende Koppelungen von Erbanlagen genannter Art wären dann unter Umständen eine Rechtfertigung für den sogenannten Formalismus in der Tierbeurteilung.

Des öfteren konnte beobachtet werden, daß bei Haustierrassen im Sinne des allgemeinen züchterischen Sprachgebrauchs, die über ein Gebiet mit unterschiedlichen natürlichen und wirtschaftlichen Verhältnissen verbreitet sind, eine gewisse Differenzierung von Merkmalen und Eigenschaften bei den Tierbeständen eintritt derart, daß sich innerhalb der betreffenden Rasse verschiedene Typen herausbilden, die sich voneinander in gewissem Ausmaß unterscheiden, ohne daß dabei die allgemeinen Rasseeigenschaften verlorengehen. Es ist z. B. bekannt, daß sich bei manchen Rinderrassen, deren Verbreitungsgebiet sowohl Flachland als auch gebirgige Lagen aufweist, unter Beibehaltung der allgemeinen Rassemerkmale zwei Typen entwickelt haben, wobei der eine Typ durch im Flachland lebende Bestände, der andere durch im Gebirge gehaltene repräsentiert wird. Um solche „Standortmodifikationen" handelt es sich auch dann, wenn Tiere aus ihrem Ursprungsland in Nachzuchtgebiete mit wesentlich anderen Umweltbedingungen verpflanzt, dort phänotypische Veränderungen erfahren, die zur Herausbildung eines bestimmten Typs führen können, der von dem ursprünglichen mehr oder weniger stark abweicht.

Typunterschiede der genannten Art können sich sowohl auf morphologische als auch auf physiologische Eigenschaften erstrecken, man bezeichnet sie als Standortmodifikationen, um zum Ausdruck zu bringen, daß es sich um phänotypische Veränderungen handelt, die nicht auf Unterschieden in den Erbanlagen beruhen, sondern lediglich durch Umweltverschiedenheiten bedingt sind. Allerdings bleibt die Frage offen, ob nicht doch in solchen Fällen im Laufe der Zeit durch die Zuchtwahl des Menschen eine Änderung auch des Genotyps in den Beständen dadurch eintritt, daß diejenigen Tiere bevorzugt verwendet werden, die durch ihre Erbanlagen der gegebenen Umwelt besser angepaßt sind und so allmählich eine genotypische Verschiebung erfolgt.

Haustierrassen können auf dem Wege der Reinzucht gebildet werden, sie können aber auch das Ergebnis von Kreuzungen zweier oder mehrerer Rassen sein. Letzteres trifft für viele und nicht gerade die schlechtesten deutschen und ausländischen Rassen zu. Zum Beweis seien nur so wertvolle und weitverbreitete deutsche Rassen, wie das rheinisch-deutsche Kaltblutpferd, das gelbe Höhenvieh und das veredelte Landschwein genannt. Reinzuchtrassen im strengen Sinne des Wortes gibt es nur sehr wenige, denn bei fast allen heutigen Rassen sind, wenn auch vielleicht nur vorübergehend und in geringem Umfang, Einkreuzungen von Tieren anderer Rassen vorgenommen worden. Die Erhaltung des Rassecharakters erfordert die ständige Aufmerksamkeit der Züchter, um zu verhindern, daß durch Neukombinationen von Erbanlagen oder durch Mutationen entstandene, aus dem Rassebild herausfallende Genotypen sich weiter vererben und durch ihre Nachkommen den Rassetyp verwischen und verändern; die Erkennung solcher Individuen ist im allgemeinen leichter möglich, wenn die Umweltverhältnisse für die Tiere einigermaßen einheitlich sind.

In vielen Fällen zeigt sich, daß sich innerhalb ein und derselben Rasse Gruppen von Tieren herausschälen lassen, die gegenüber den anderen Rasseangehörigen durch besondere Merkmale gekennzeichnet sind und diese — unter sich gepaart — auf ihre Nachkommen übertragen. Es handelt sich dabei also nicht um einfache Modifikationen, sondern um Unterschiede, die auf Verschiedenheiten in den Erbanlagen beruhen; man bezeichnet solche Untergruppen einer Rasse als Schläge. Man kann demnach den Schlag definieren als eine Gruppe von Tieren innerhalb einer Rasse, die unter annähernd gleichen Umweltverhältnissen über die allgemeinen Kennzeichen der betreffenden Rasse hinaus in bestimmten Merkmalen und Eigenschaften übereinstimmen und sich durch den ererbten und vererbbaren Besitz derselben von den anderen Rasseangehörigen unterscheiden. Die Schwierigkeiten, die einer befriedigenden und allgemein anwendbaren Definition des Rassebegriffes in der landwirtschaftlichen Tierzucht entgegenstehen, gelten sinngemäß auch für die Definition des Schlagbegriffes und seine Anwendbarkeit im züchterischen Sprachgebrauch. Auch für die gesicherte Weitervererbung der Schlagmerkmale wären Erbgleichheit und Erbreinheit der fraglichen Erbanlagen bei allen Angehörigen eines Schlages theoretische Voraussetzung; auch bei der Herausbildung einzelner Schläge können natürlich neben Neukombinationen auch Mutationen eine Rolle spielen. Hinsichtlich des Einflusses der Züchtungsmaßnahmen des Menschen und der Ausgeglichenheit und Bodenständigkeit der Schläge, wie auch der Eignung oder Nichteignung einzelner Merkmale als Schlagmerkmale gilt analog das für die Rasse und die Rassemerkmale Gesagte; nicht anders als die Rasse ist auch der Schlag nicht etwas Naturgegebenes und Unveränderliches, vielmehr ein durch den Menschen geschaffener, konventioneller und wandelbarer Begriff.

Es trägt nicht zur Präzisierung des Begriffes „Schlag" bei, wenn in der Züchtersprache von Schlägen innerhalb einer Rasse häufig auch dann gesprochen wird, wenn es sich lediglich um Standortmodifikationen handelt, die Schlagmerkmale also nicht auf genotypischen Unterschieden gegenüber anderen Rasseangehörigen beruhen. Die fortschreitende züchterische Entwicklung hat dazu geführt, daß im Verein mit einer zunehmenden Vereinheitlichung der wirtschaftlichen und natürlichen Verhältnisse für die Haustierhaltung mehr und mehr große, geschlossene Zuchtgebiete entstanden sind, wodurch die Vielzahl der früher vorhandenen Schläge, die sich oft nur durch ganz nebensächliche Kleinigkeiten voneinander unterschieden, erheblich verringert wurde. Die Zeit dieser sogenannten Kirchturmschläge ist erfreulicherweise vorüber. Im Sprachgebrauch des praktischen Züchters, aber auch in der Literatur, wird bedauerlicherweise der Begriff des Schlages vielfach nicht in dem soeben abgeleiteten, logisch begründeten Sinn verwendet, vielmehr bei seiner Anwendung oft ganz willkürlich verfahren. Die Bezeichnungen Rasse und Schlag werden häufig miteinander vertauscht bzw. verwechselt oder als gleichwertige Begriffe benützt, obwohl — wie aus dem Gesagten hervorgeht — die Rasse die übergeordnete und der Schlag die untergeordnete Gruppe darstellt.

Praktische Bedürfnisse haben mitunter Veranlassung gegeben, zwei oder mehrere Rassen einer Art zu einer gemeinsamen Gruppe höherer Ordnung zusammenzufassen, die in der Systematik zwischen die Rasse und die Art zu stellen ist, und die man am besten als Rassengruppe bezeichnet. Leider zeigen sich auch hier wieder die gleichen Schwierigkeiten und mitunter auch der Mangel an Konsequenz bei der Anwendung und Abgrenzung dieses Begriffes gegenüber anderen Gruppen, wie wir sie schon von den Begriffen Rasse und Schlag her kennen.

Als solche Rassengruppen wären etwa zu nennen die Gruppe der Warmblutpferde und diejenige der Kaltblutpferde, die Gruppe der Höhenrinder und diejenige der Tieflandrinder, die Gruppe der Fleischschafe, der Merinoschafe und der Landschafe.

Wir haben bereits festgestellt, daß Rassemerkmale oder -eigenschaften, die berechtigten Anspruch auf diese Bezeichnung erheben können, sich mit großer Zuverlässigkeit innerhalb der betreffenden Rasse weitervererben müssen und im Phänotyp und Genotyp nur eine geringe Variationsbreite aufweisen sollen. Es zeigt sich aber, daß diese Forderungen nicht immer erfüllt sind, daß vielmehr in der züchterischen Praxis nicht selten auch solche Merkmale und Eigenschaften gewohnheitsmäßig als Rassemerkmale und -eigenschaften angesehen und bewertet werden, die gegenüber anderen Rassen nicht genügend klar gekennzeichnet sind und auch bei gleicher Lebenslage der Tiere stark variieren. Die Leistungsprüfungen, die erfreulicherweise in zunehmendem Maße in die verschiedenen Tierzuchtzweige Eingang gefunden haben, geben uns ein umfangreiches und wertvolles Material an die Hand, das es erlaubt, die tatsächlichen Verhältnisse bei den verschiedenen Rassen zu untersuchen. Nicht selten ist festzustellen, daß Eigenschaften als Rasseeigenschaften angesehen und als solche bewertet werden, die tatsächlich „Individualeigenschaften" sind; um solche Eigenschaften zu wirklichen Rasseeigenschaften zu machen, bedarf es noch erheblicher züchterischer Arbeit in Richtung auf eine Vereinheitlichung der diesbezüglichen Erbanlagen innerhalb der Rassen. Die Stellung der Rasse in der landwirtschaftlichen Tierzucht klarzulegen und ihre Brauchbarkeit als züchterisches Hilfsmittel objektiv zu beleuchten, erscheint um so notwendiger, als die Ansichten über den Wert oder Unwert der Rasse für die praktische Züchtung im Laufe der Zeit manche Wandlungen erfahren haben und auch heute nicht einheitlich sind. Eine Überschätzung ist in dieser Hinsicht ebenso unangebracht wie das Gegenteil.

Wenn auch im genetischen Aufbau unserer Haustierrassen der erstrebenswerte Zustand, wie wir sahen, noch nicht erreicht ist, so wäre es doch falsch, die Bedeutung der Rasse als Hilfsmittel der Züchtung zu gering zu veranschlagen. Den Rassen fällt auch heute noch für die Weiterentwicklung unserer Tierbestände eine entscheidende Aufgabe zu; es kann sich nicht darum handeln, den in langer, mühevoller Arbeit mit den Rassen als Grundlage geschaffenen Aufbau unserer landwirtschaftlichen Tierzucht wieder einzureißen, sondern nur darum, ihn auf den vorhandenen Grundlagen weiter zu fördern und zu vervollkommnen. Das Festhalten an der Rasse als dem ordnenden Prinzip in der Zucht erleichtert ohne Frage dem praktischen Züchter, vor allem der großen Masse der Durchschnittszüchter, die züchterische Arbeit, oder ermöglicht sie vielmehr überhaupt erst. Trotz der ihnen anhaftenden Mängel und Unvollkommenheiten bilden die Rassen im ganzen den Halt und das Rückgrad der Tierzucht. Die Rassezucht hat die führenden Züchter erst in die Lage versetzt, die Leistungen ihrer Tiere mehr und mehr zu steigern und die Zucht auf den hohen Stand zu bringen, den sie heute schon erreicht hat. Die Form- und Leistungsunterschiede zwischen den im landläufigen Sinne reinrassigen und den rasselosen Tieren sind durchschnittlich so groß, daß sie für sich sprechen.

Die vorhandenen Rassen bilden im ganzen gesehen den Rahmen, in dem wir die züchterische Arbeit fortsetzen können und müssen, und aus diesem Grunde ist auch weiterhin die Erhaltung und Verbesserung der Rassen durch Reinzucht und entsprechende Auslese das Zuchtverfahren, das der Masse der Züchter allein anzuraten ist; eine stärkere Anwendung der Inzucht könnte dabei, wenn sie in richtiger Weise erfolgt, die erstrebenswerte Entwicklung zweifellos beschleunigen.

Dem züchterischen Fortschritt in der allgemeinen Landeszucht steht die Tatsache hemmend entgegen, daß bis heute nur ein verhältnismäßig kleiner Teil der Tierbestände herdbuchmäßig erfaßt ist und damit nach Abstammung und Erbwert kontrolliert werden kann; nur mit diesen Tieren läßt sich eine wirklich planmäßige Zucht nach neuzeitlichen genetischen Erkenntnissen betreiben. Bei der großen Masse der Zuchttiere muß man sich damit begnügen, aus der Beurteilung der äußeren Erscheinung und der Rassenzugehörigkeit Schlüsse auf die Zucht- und Nutzleistungen zu ziehen, ein, wie wir gesehen haben, wenig zuverlässiges Verfahren. In dem Bestreben, die Einteilung der Rassen innerhalb der Arten nach einheitlichen, den Bedürfnissen der Wissenschaft und Praxis in gleicher Weise entgegenkommenden Gesichtspunkten vorzunehmen, ist man verschiedene Wege gegangen, die jedoch alle nicht zu einem voll befriedigenden Ergebnis geführt haben. Es lag nahe, die Systematik der Rassen nach rassegeschichtlichen Zusammenhängen vorzunehmen, es zeigt sich aber, daß eine solche Gliederung nicht möglich ist, und zwar schon deshalb nicht, weil unsere Kenntnisse über die Entstehung und Entwicklung der Haustierrassen im allgemeinen viel zu lückenhaft sind, um auf ihnen eine Rasseeinteilung aufbauen zu können. Sonstige Gesichtspunkte, die für die Rasseeinteilung von Fall zu Fall herangezogen werden, sind:

1. die geographische Verbreitung, z. B. Oldenburger Warmblutpferd, Mitteldeutsches Rotvieh, Deutsches veredeltes Landschwein.
2. Die natürliche Beschaffenheit des Verbreitungsgebietes, z. B. Schwarzbuntes Tieflandrind, Graubraunes Höhenvieh, Ungarisches Steppenvieh,
3. Äußere Merkmale, z. B. Gelbes Frankenvieh, Angler-Sattelschwein, Rehfarbige deutsche Edelziege.
4. Physiologische Merkmale, Gebrauchszweck, Leistungen z. B. Laufpferd — Schrittpferd, Milchrind — Mastrind — Arbeitsrind, Fleischschaf — Milchschaf — Wollschaf, Fleischschwein — Fettschwein.
5. Züchterische Entwicklung, z. B. Landrassen — veredelte Landrassen — Kulturrassen.

b) Zuchtverfahren

Wenden wir uns nach den Betrachtungen über den Rassebegriff und die Bedeutung der Rassen für die praktische Züchtung den Zuchtverfahren zu, dann ist zunächst folgendes festzustellen: Es gibt in der praktischen Züchtung eigentlich nur zwei grundsätzlich verschiedene Zuchtverfahren, das der Reinzucht und das der Kreuzung; alle Verfahren, mit denen der Züchter arbeitet, lassen sich in diese beiden Gruppen eingliedern. Der Züchter spricht von Reinzucht, wenn Tiere gepaart werden, die ein und derselben Rasse (Schlag) angehören, und von Kreuzung, wenn die Elterntiere verschiedenen Rassen (Schlägen) entstammen. Diese in der praktischen Züchtung übliche Unterscheidung hält einer streng wissenschaftlichen Kritik nicht stand und muß deshalb vom genetischen Standpunkt aus präziser gefaßt und enger umgrenzt werden. Im Sinne der Vererbungslehre kann man von Reinzucht eigentlich nur dann sprechen, wenn Tiere miteinander gepaart werden, die in ihren Erbanlagen erbgleich und erbrein (homozygot) sind, so daß in der Nachzucht keine Aufspaltungen der Erbanlagen auftreten. Wenn wir von der Gesamtheit der Erbanlagen, der Erbmasse im ganzen ausgehen, sind diese Voraussetzungen — von den ganz seltenen Fällen eineiiger Zwillinge abgesehen — nie erfüllt; in diesem Umfang gibt es eine eigentliche Reinzucht überhaupt nicht. Es kann sich demnach nur darum handeln, daß für einzelne besonders wichtige Erbanlagen Erbreinheit und Erbgleichheit zwischen zwei Tieren bestehen, die miteinander gepaart werden, aber auch dies wird nur unter besonders günstigen Bedingungen zutreffen. Um eine Reinzucht dieser Art auf breiter Basis zu ermöglichen, müßten unsere Rassen und Schläge vererbungsmäßig gesehen etwas ganz anderes sein, als sie bis jetzt tatsächlich sind, nämlich zum mindesten hinsichtlich der wichtigsten Rassemerkmale und -eigenschaften genetisch einheitlich aufgebaute Gruppen von Tieren. Leider sind wir aber von diesem Ideal noch recht weit entfernt.

Der Begriff der Reinzucht ist deshalb schwer festzulegen, weil sich an ihn einerseits traditionelle Auffassungen knüpfen, die zudem nicht in allen Tierzuchtzweigen übereinstimmen und andererseits rein praktische Erwägungen wesentlich mitbestimmend sind; solange die Begriffe Rasse und Schlag nicht eindeutig festgelegt sind und werden können, muß man auch bei der Definition des Begriffes Reinzucht von einer exakten Formulierung absehen, und es bei dem konventionellen Gebrauch belassen. Ziemlich allgemein verlangt man heute, daß als Reinzucht nur die Paarung von Tieren einer

Rasse oder eines Schlages gelten soll, die die typischen Merkmale dieser Rasse oder dieses Schlages besitzen und ihre Rasse- bzw. Schlagzugehörigkeit möglichst durch eine entsprechende Abstammung nachweisen können. Im einzelnen sind die Bedingungen, die von der Herdbuchzucht gestellt werden, um ein Tier als rein gezüchtet, d. h. rasserein anzuerkennen, je nach Art und Rasse verschieden, doch wird in allen Fällen der Nachweis verlangt, daß die Vorfahren väterlicher- und mütterlicherseits in einer oder mehreren Generationen ebenfalls reingezüchtet für die betreffende oder zum mindesten eine sehr nahestehende Rasse sind.

In der züchterischen Praxis spricht man immer von Reinzucht, wenn Angehörige ein und desselben Schlages miteinander gepaart werden. Auch Paarungen innerhalb ein und derselben Rasse werden allgemein als Reinzucht bezeichnet, wenn die betreffende Rasse nicht in weitere Untergruppen, d. h. Schläge aufgeteilt ist. Ist aber letzteres der Fall, dann zeigen sich Unterschiede in der praktischen Auslegung des Reinzuchtbegriffes; während in der Pferdezucht beispielsweise die Paarung von Angehörigen verschiedener Schläge üblicherweise nicht mehr als Reinzucht gilt, ist man andererseits etwa in der Rinderzucht in der Auslegung des Begriffes Reinzucht weitherziger. Der Umstand, daß die Begriffe Rasse und Schlag keineswegs eindeutig gegeneinander abgegrenzt sind und überdies vielfach miteinander vertauscht bzw. verwechselt oder als gleichwertig verwendet werden, erhöht die Schwierigkeiten einer klaren Begriffsbestimmung der Reinzucht. Wo im Einzelfall im praktisch züchterischen Sinn die Grenze zwischen Reinzucht und Kreuzung liegt, ist — um mit Kronacher[1]) zu sprechen — Sache willkürlicher Bestimmung bzw. stillschweigender oder besonderer Übereinkunft der beteiligten Züchterkreise.

Je mehr wir dahin kommen, daß sich die Rassen und Schläge so weiter entwickeln, daß ihre Angehörigen sich in genetischer Beziehung dem Ideal nähern, je mehr also Erbreinheit und Erbgleichheit wenigstens der wichtigsten Eigenschaften zu-

[1]) Kronacher C., Allgemeine Tierzucht, 4. Abt. 2. Aufl., Berlin 1921.

nehmen, desto mehr wird sich die Reinzucht im heutigen landläufigen Sinn zu einer echten Reinzucht im Sinne der Genetik entwickeln. Dann wird die Sicherheit der Weitervererbung von Rassemerkmalen und -eigenschaften immer mehr zunehmen, und an Stelle des „Zufalls" beim Ausfall der Paarungsergebnisse wird mehr und mehr die Möglichkeit ihrer zuverlässigen Vorausbestimmung treten können.

Soweit nicht durch das Auftreten von Mutationen oder durch Lösung von Faktorenkoppelungen neue Erbfaktorenkomplexe gebildet werden, kann eine Verschiebung des mittleren genotypischen Leistungswertes einer Rasse oder eines Schlages stets nur innerhalb gewisser Grenzen stattfinden; die Reinzucht bietet immer nur begrenzte Möglichkeiten der züchterischen Verbesserung und Fortentwicklung, die jedoch bei den heute vorhandenen Rassen und Schlägen bei weitem noch nicht ausgeschöpft sind. Kann die Reinzucht mit genotypisch schon einigermaßen „ausgeglichenen" Beständen durchgeführt werden, dann bietet sie die beste Gewähr dafür, daß die den Wert der betreffenden Rasse oder des betreffenden Schlages bestimmenden Merkmale erhalten bleiben und sich weiter vererben.

Die Sicherheit der Weitervererbung der Rassemerkmale und -eigenschaften wächst an sich, je länger und sorgfältiger eine Zuchtwahl auf Rassereinheit betrieben wird; dabei sind Herdbuchführung und Leistungsprüfungen zusammen mit einer sinnvollen Berücksichtigung der äußeren Erscheinung der Zuchttiere bei der Zuchtwahl wertvolle Hilfsmittel, das Zuchtziel zu erreichen oder ihm doch näher zu kommen. Für die Reinzucht als Zuchtverfahren spricht nicht zuletzt auch die Tatsache, daß sie im allgemeinen mit Rassen und Schlägen vorgenommen werden kann, die in der betreffenden Gegend heimisch und bodenständig und dadurch den jeweiligen Umweltverhältnissen angepaßt sind, wodurch sie gegenüber neuentstandenen bzw. neueingeführten Rassen und Schlägen oder Kreuzungen in der Regel zunächst wenigstens erheblich im Vorteil sind.

Als Beispiele seit langen Generationen in Reinzucht gehaltener Rassen seien angeführt das in Böhmen gezüchtete Kladruber-Pferd, das englische Jersey-Rind und das im Nordosten von Schleswig-Holstein beheimatete Angler-Rind, als Beispiel einer auf dem Wege der Kreuzung entstandenen, gleichwohl aber in verhältnismäßig kurzer Zeit in die Reinzucht überführten Rasse das deutsche veredelte Landschwein.

Um die Wirkung der Reinzucht zu verstärken und zu beschleunigen, hat man sich seit langem der sogenannten Inzucht bedient; der Begriff der Inzucht wird in der Regel dem der Fremdzucht gegenübergestellt. Nach dem jetzigen züchterischen Sprachgebrauch bezeichnet man als Inzucht die Paarung verwandter Tiere, wobei als verwandt Individuen zu verstehen sind, bei denen unter den Vorfahren dasselbe Tier in der väterlichen und mütterlichen Ahnenreihe einmal oder mehrmals vorkommt, und zwar in den ersten 5—6 Ahnenreihen; verwandte Tiere haben weniger Ahnen, als sie theoretisch haben könnten (Ahnenverlust). Das Maß der Inzucht wird in der Tierzucht üblicherweise nach Ahnenreihen berechnet. Bei der Berechnung des Inzuchtgrades nach Ahnenreihen verwendet man die Stellung des gemeinsamen Ahnen als Kriterium des Inzuchtgrades. Es wird ermittelt, in welchen Ahnenreihen der gemeinsame Ahne auf der Mutter- und auf der Vaterseite vertreten ist, wobei die Elterngeneration und die Generation des betreffenden Ahnen mitgerechnet werden. Die Methode erlaubt es, die Stellung des gemeinsamen Ahnen in der Ahnentafel und den Grad der Inzucht eindeutig festzuiegen.

Comet 155	Favourite	Bolingbroke (86)	Foljambe (263)
			Y. Strawberry
		Phoenix (86)	Foljambe (263)
			Favourite (Cow)
	Y. Phoenix	Favourite	Bolingbroke (86)
			Phoenix (86)
		Phoenix (86)	Foljambe (263)
			Favourite (Cow)

Abb. 2. Ahnentafel des Shorthornbullen Comet 155

Die Ahnentafel des berühmten Shorthornbullen Comet 155 (Abb. 2) läßt erkennen, daß Comet in der II. (Mutterseite)/I. (Vaterseite) Ahnenreihe auf den Bullen Favourite (252) ingezüchtet ist. Der genannte Bulle Comet stammt aus der Zucht des englischen Züchters Charles Colling und ist einer der „Stammväter" der Shorthornzucht.

Die Inzucht als Zuchtverfahren war schon im klassischen Altertum nicht unbekannt; die in der zweiten Hälfte des 18. Jahrhunderts und zu Beginn des 19. Jahrhunderts in England erzüchteten, den Weltruf der englischen Tierzucht wesentlich fördernden Rassen, so vor allem die Shorthornrasse, sind unter z. T. sehr starker Inzuchtanwendung entstanden. In der deutschen Tierzucht ist die Inzucht als Zuchtverfahren zeitweise günstig, zeitweise ungünstig beurteilt worden.

Durch das in neuerer Zeit sehr intensiv betriebene Studium der Zuchtgeschichte der verschiedenen Rassen sind wir über die züchterischen Zusammenhänge in den einzelnen Zuchtgebieten gut unterrichtet; es zeigt sich, daß die Inzucht beim Aufbau auch der deutschen Zuchten vielfach eine größere Rolle gespielt hat, als gemeinhin angenommen wird. Ein wichtiges Ergebnis derartiger Untersuchungen ist der Nachweis, daß in der Regel einige wenige Zuchttiere am Aufbau der Zuchten ganz besonders stark beteiligt sind und ihnen das Gepräge aufdrücken; naturgemäß handelt es sich dabei um männliche Zuchttiere mit großer Nachkommenzahl. Auf solche Blutlinienbegründer wurde eine teilweise starke Inzucht getrieben und sie sind deshalb unter den Vorfahren vieler Zuchttiere der betreffenden Rasse zu finden. Solche allgemein bekannte Blutlinienbegründer sind beispielsweise der in Ostfriesland gezüchtete schwarzbunte Tieflandbulle Blücher 7345 und der im Miesbacher Zuchtgebiet verwendete Fleckviehbulle Regent 566.

In neuerer Zeit hat von Seiten der Tierzuchtwissenschaftler, vor allem Krallinger[1]), für die Inzucht eine Lanze gebrochen; er kennzeichnet sie unter Beibringung überzeugender

[1]) Krallinger, H. F., Angewandte Vererbungslehre für Tierzüchter, Stuttgart 1937.

Argumente aus der modernen Genetik als ein brauchbares Mittel zur Erzielung genetisch ausgeglichener Bestände im Sinne einer fortschrittlichen Züchtung, ohne dabei die Schwierigkeiten zu verkennen, die ihrer allgemeinen Anwendung bei unseren landwirtschaftlichen Nutztieren aus verschiedenen, noch zu besprechenden Gründen entgegenstehen. Letztere in das rechte Licht zu rücken, erscheint um so angezeigter, als sie mitunter vor allem von Seiten nichtlandwirtschaftlicher Fachbiologen unterschätzt werden. Fragen wir nach der Ursache der im Laufe der Zeit wechselnden und auch heute noch keineswegs einheitlichen Auffassungen über den Wert oder Unwert, den Nutzen oder Schaden der Inzucht, so läßt sich diese Verschiedenheit der Ansichten aus den sehr unterschiedlichen Ergebnissen erklären, die bei Anwendung dieses Zuchtverfahrens in der praktischen Züchtung erzielt worden sind. Die Erscheinungen, die unter den verschiedensten Verhältnissen als wirkliche oder vermeintliche Inzuchtwirkungen beobachtet wurden, waren so wenig übereinstimmend, daß sie zunächst auf keinen gemeinsamen Nenner zu bringen waren und begreiflicherweise vielfach zu einem mehr oder weniger starken Mißtrauen gegenüber der Inzucht überhaupt führten. Heute geben uns die Erkenntnisse der Biologie im allgemeinen und diejenigen der Genetik im besonderen ganz andere Möglichkeiten als früher an die Hand, den etwas mystischen Schleier zu lüften, der lange über dem Problem der Inzucht lag und eine objektive, praktisch brauchbare Stellung gegenüber diesem Zuchtverfahren einzunehmen.

Die Vererbungsgesetze sagen uns, daß jede Inzucht auf einen bestimmten Vorfahren zu einer Anhäufung seiner Erbanlagen bei den Nachkommen und zu einer Zunahme der „Homozygotie" der Anlagen bei diesen führen muß; die Zahl der Heterozygoten für die dem mendelnden Vererbungsmodus folgenden Merkmale und Eigenschaften nimmt bei fortgesetzter Inzucht ab. Die Inzucht kann somit ein brauchbares Mittel sein, je nach dem angewandten Inzuchtgrad verhältnismäßig schnell zu einer gewissen Zuchtkonstanz zu kommen. Das Ausmaß der Zunahme der Homozygoten und damit der Abnahme der Heterozygoten in der Generationsfolge bei Inzucht in den verschiedenen Verwandtschaftsgraden läßt sich biometrisch berechnen.

Die volle, d. h. größtmögliche Inzuchtwirkung, kann nur dann eintreten, wenn reine Selbstbefruchtung vorliegt, die einzelnen Individuen gleiche Fruchtbarkeit besitzen und die gesamte Nachzucht in jeder Generation erhalten bleibt, Voraussetzungen, die in der Natur und ganz besonders bei unseren landwirtschaftlichen Haustieren, schon weil sie Fremdbefruchter sind, natürlich niemals auch nur annähernd voll erfüllt sein können. Das tatsächlich erreichbare Ausmaß der Homozygotie der Erbanlagen ist aus diesen Gründen auch unter optimalen Bedingungen ein wesentlich kleineres als das theoretisch mögliche und hängt weitgehend von den jeweiligen biologischen Verhältnissen ab, unter denen die Zucht betrieben wird. Ein nachhaltiger Erfolg tritt in der praktischen Züchtung keineswegs so rasch ein, wie dies vielfach angenommen wird, zumal da in der Praxis aus verschiedenen Gründen die Inzucht immer wieder durch Fremdzucht unterbrochen wird.

Wenn die Inzucht zwangsläufig zu einer Häufung der Erbanlagen der Ausgangstiere bei der Nachzucht und zu einer Verminderung der Heterozygoten führt, dann ist einleuchtend, daß das Ergebnis dieses Zuchtverfahrens hinsichtlich der Weitervererbung mendelnder Erbanlagen stark von der genotypischen Beschaffenheit des Individuums abhängig ist, auf das Inzucht betrieben wird, und demgemäß sehr verschieden ausfallen kann. Mit anderen Worten, es werden dessen gute und schlechte Anlagen in der Nachzucht gehäuft auftreten und es werden die Nachkommen für gute und schlechte Anlagen in zunehmendem Maße homozygot veranlagt sein. Das teils günstige, teils ungünstige Ergebnis der Inzucht erklärt sich somit weitgehend aus den Gesetzmäßigkeiten der mendelnden Vererbung und es fragt sich deshalb, ob man darüber hinaus noch besondere Inzuchtwirkungen biologischer Art annehmen muß, wie dies vielfach geschieht. Die züchterische Bedeutung einer sorgfältigen Erbwertbestimmung und Zuchtwahl gerade bei Tieren, die auf dem Wege der Inzucht vermehrt werden sollen, leuchtet auf jeden Fall ein.

Die Feststellung, daß einzelne Tiere innerhalb eines Bestandes, einer Rasse oder eines Schlages offenbar überdurchschnittlich gute, hochwertige Erbanlagen für bestimmte Merkmale und Eigenschaften besitzen, läßt begreiflicherweise den Wunsch aufkommen, diese überragenden Anlagen in den Zuchtbeständen möglichst stark und möglichst schnell zu verbreiten. Inzucht auf solche Erbträger führt dazu, daß diese Individuen züchterisch besonders ausgenützt werden und demgemäß als Ahnen vieler Tiere auftreten, daß sich also Blutlinien entwickeln, die auf diese Stammtiere zurückgehen. Als Blutlinie bezeichnet man die von einem Stammtier, dem Blutlinienbegründer, ausgehende Generationsfolge von Zuchttieren.

Eine planmäßig betriebene, nach züchterischen Gesichtspunkten durchgeführte Blutlinienzucht ist durchaus erwünscht und die zielbewußte Schaffung guter Blutlinien in den einzelnen Zuchtgebieten, Rassen und Schlägen der beste Weg, die Erbmasse hochwertiger Tiere für die Zucht möglichst weitgehend nutzbar zu machen und gleichzeitig die genetische Ausgeglichenheit und Einheitlichkeit der Bestände zu verbessern. Die Erfolgsaussichten in der Züchtung werden da größer sein, wo bereits bestimmte Blutlinien vorhanden und in ihrem Zuchtwert einigermaßen bekannt sind, so daß je nach dem erstrebten Zuchtziel die Paarungen unter Berücksichtigung der Besonderheiten der einzelnen Blutlinien vorgenommen werden können.

In der praktischen Züchtung läßt sich beobachten, daß die Angehörigen bestimmter Blutlinien offenbar besonders gut zusammenpassen und gute Nachzucht liefern. Es wird angenommen, daß zwischen bestimmten Blutlinien bzw. deren Angehörigen gewisse Affinitäten (harmonische Konstellationen der Erbfaktoren) bestehen, die bei einer Paarung einen guten „Blutanschluß" gewährleisten und dadurch zu guten Zuchtergebnissen führen, während andererseits die Zuchtleistungen enttäuschen, wenn Blutlinien zusammengeführt werden, die nicht „zueinander passen". Wenn auch eine den wissenschaftlichen Anforderungen voll entsprechende Beweisführung für das Bestehen bzw. Fehlen solcher Beziehungen noch nicht erbracht ist, so deuten doch, wie gesagt, die praktischen Zuchterfahrungen darauf hin, daß die Angehörigen bestimmter Blutlinien teils mehr, teils weniger zusammenpassen. Es muß dahingestellt bleiben, wieweit dabei neben der Konstellation der Erbfaktoren auch plasmatische Verhältnisse den Ausschlag geben.

In den vorstehenden Betrachtungen ist, dem züchterischen Sprachgebrauch folgend, von Blut, Blutlinie, Blutanschluß die Rede gewesen; diese Bezeichnungen haben selbstverständlich mit „Blut" im eigentlichen Sinne des Wortes nichts zu tun, vielmehr wird der Ausdruck Blut in diesem Zusammenhang im Sinne von Erbmasse oder Erbwert gebraucht.

Als fehlerhaft hat es sich in der Praxis erwiesen, in einem Zuchtgebiet alles Heil von einer einzigen oder ganz wenigen Blutlinien zu erhoffen und darüber die anderen zu vernachlässigen, wie dies mitunter geschieht, wenn eine bestimmte Blutlinie besonders beliebt geworden und in Mode gekommen ist. Es ist eine wichtige Aufgabe für die führenden Züchter eines Zuchtgebietes und vor allem für die zuständigen Zuchtleitungen, dafür zu sorgen, daß leistungsfähige, gesunde und fruchtbare Blutlinien in genügender Zahl zur Verfügung stehen und in geeigneter Weise zusammengeführt werden; diese Aufgabe setzt eine auf genügend breiter Basis arbeitende Herdbuchzucht voraus.

Man hat schon seit langem die Beobachtung gemacht, daß einzelne Tiere in den verschiedenen Zuchtgebieten, Rassen und Schlägen in auffallender Weise ihre Merkmale und Eigenschaften oder doch einzelne derselben, und zwar auch rein individuelle, aus dem allgemeinen Rassebild herausfallende, mit großer Sicherheit auf die Nachkommen vererben und dadurch — soweit es sich um männliche Zuchttiere mit großer Nachkommenzahl handelt — u. U. einem ganzen Zuchtgebiet ihren individuellen Stempel aufdrücken. Die Untersuchung der Herkunft dieser Tiere hat in vielen Fällen gezeigt, daß es sich um Individuen handelt, auf die eine mehr oder weniger starke Inzucht getrieben wurde. Man glaubte früher und glaubt mitunter heute noch solchen Tieren eine besondere, über das normale, durch die Vererbungsgesetze gegebene Maß hinausgehende Vererbungskraft zusprechen zu müssen, die man als Durchschlagskraft oder Individualpotenz bezeichnet. Unsere heutigen Kenntnisse der Vererbungsvorgänge lassen uns zu der Ansicht kommen, daß man die nicht zu bestreitende Fähigkeit einzelner Tiere, sich in der Vererbung besonders stark durchzusetzen, im Rahmen der Erbfaktorenlehre auch ohne Annahme einer besonderen geheimnisvollen „Durchschlagskraft" erklären kann. Man wird unterstellen dürfen, daß die beteiligten Individuen für das betreffende Merkmal oder die betreffende Eigenschaft homozygot veranlagt sind; wenn auf solche Tiere dann noch, wie das die Regel ist, mehr oder weniger stark Inzucht getrieben wird, dann erklärt sich ihre Durchschlagskraft zwanglos aus den allgemeinen Vererbungsregeln.

Die Zucht nach Blutlinien darf nicht dazu führen, den züchterischen Einfluß einzelner überragender Zuchttiere und Blutlinienbegründer zu überschätzen. Es genügt nicht, daß in der Ahnentafel in einer weit zurückliegenden Ahnenreihe dieser oder jener berühmte Erbträger auftaucht, um die Zuchtqualität dieses Tieres zu gewährleisten. Wir wissen aus der Vererbungslehre, daß von den Erbanlagen eines solchen „Renomierahnen" im Einzelfall schon nach wenigen Generationen nichts mehr vorhanden zu sein braucht; es ist deshalb viel wichtiger, zu prüfen, welche Zuchtqualitäten die Gesamtheit der Vorfahren und besonders die Eltern und Großeltern eines Tieres besitzen, als sich von einem weit hinten in der Ahnentafel stehenden Ahnen allzusehr beeindrucken zu lassen. Eine Blutlinie ist nur dann züchterisch wertvoll, wenn sie nicht nur einen berühmten Blutlinienbegründer aufweist, sondern wenn auch die nachfolgenden Ahnengenerationen sich als hochwertig und leistungsfähig erweisen. Deshalb muß der Erbwert aller Angehörigen einer Blutlinie laufend kontrolliert werden und müssen die wertvollen Eigenschaften ihres Ausgangstieres erhalten werden, was durch entsprechende Anpaarung und durch Ausmerzung aller genotypisch nicht entsprechenden Nachkommen zu geschehen hat. Eine rein schematisch betriebene Blutlinienzucht, die nur den Namen ihres Begründers als Reklameschild aufzuweisen hat, den genannten Forderungen aber nicht gerecht wird, ist züchterisch wertlos. Die Käufer von Zuchttieren haben es in erster Linie in der Hand, dafür zu sorgen, daß den diesbezüglichen berechtigten Anforderungen in der Zucht Rechnung getragen wird. Da eine Blutlinienzucht ohne ein gewisses Maß von Inzucht nicht möglich ist, interessiert die Frage nach den sogenannten I n z u c h t s c h ä d e n auch in diesem Zusammenhang. Das Auftreten von Versagern unter den Zuchtprodukten ist kein Beweis gegen die Inzuchtmethode, wie häufig angenommen wird, sondern läßt sich als Folge genetischer Gesetzmäßigkeiten erklären. Als Inzuchtschäden werden vor allem angesehen: Rückgang der Zeugungsfähigkeit bzw. Fruchtbarkeit bis zur Impotenz bzw. Sterilität, Gesundheits- und vor allem Konstitutionsschäden, Degenerationserscheinungen und Nachlassen der Widerstandsfähigkeit gegen ungünstige Umweltverhältnisse, erhöhte Anfälligkeit gegen verschiedene Krankheiten, Rückgang der Nutzleistungen bis zum völligen Versagen in der Nutzbarkeit, bei jugendlichen Tieren Wachstums- und Entwicklungsstörungen.

Schäden genannter Art, wie sie erfahrungsgemäß im Gefolge der Inzucht auftreten können, sind keineswegs zwangsläufig mit diesem Verfahren verbunden, denn es liegen Beobachtungen und Versuchsergebnisse vor, die beweisen, daß Inzucht bei verschiedenen Tierarten und unter verschiedensten Verhältnissen betrieben worden ist, und zwar z. T. enge Inzucht durch viele Generationen hindurch, ohne daß sich die obengenannten oder andere nachteilige Folgen bei den erzüchteten Tieren zeigten. Erfolgreiche Inzuchtversuche sind nicht nur mit kleineren Tieren wie Mäusen, Ratten und Meerschweinchen vorgenommen worden, z. T. mit engster Inzucht über viele Generationen hin, sondern auch mit großen Haustieren (Ziegen, Schweinen) hat man solche Züchtungsexperimente vereinzelt vorgenommen. Leider stehen der Durchführung großangelegter langfristiger Inzuchtversuche mit großen landwirtschaftlichen Nutztieren, die von besonderem Interesse wären, schon aus finanziellen Gründen fast unüberwindliche Schwierigkeiten entgegen, es darf aber angenommen werden, daß die Herauszüchtung inzuchtfester Stämme auch bei unseren größeren und großen Haustieren an sich möglich ist. Als Gesamtergebnis von Beobachtungen an Tierbeständen, die in freier Wildbahn leben, an verschiedenen Haustierrassen und -schlägen, wie auch als Resultat verschiedener Zuchtversuche läßt sich feststellen, daß eine allgemeine Schädigung durch Inzucht, die sich auf alle Nachkommen in gleicher Weise auswirkt, offenbar nicht besteht. Es zeigt sich, daß die einzelnen Nachkommen auf die Inzucht nicht selten unterschiedlich reagieren, d. h., daß einzelne Tiere, wie auch ganze Familien und Stämme erzüchtet wurden, die gegen Inzuchtschäden immun waren, während bei anderen unter gleichen Bedingungen erzüchteten eine solche Immunität nicht oder doch nicht in gleichem Maße festzustellen war. Diese Tatsachen machen es wahrscheinlich, daß die im Gefolge der Inzucht auftretenden Schäden durch die jeweilige Erbfaktorenkombination bei dem einzelnen Individuum ausgelöst werden. Nach dieser Hypothese würde ein nachteiliger Einfluß der Inzucht nur dann auftreten, wenn sie zu einer Häufung unerwünschter, schädlicher Erbfaktoren führt, wie andererseits die vielfach beobachtete günstige Wirkung dieses Zuchtverfahrens auf einer Häufung erwünschter Erbfaktoren bei den betreffenden Individuen beruhen würde. Abgesehen von anderen möglichen Neukombinationen der Erbfaktoren kann die Inzucht dazu führen, daß unerwünschte, schädliche Erbanlagen, die zunächst verdeckt (rezessiv) vorhanden waren, in homozygoter Form auftreten und damit nach außen hin (phänotypisch) wirksam werden können, was sich dann als „Inzuchtschaden" äußert. Auch durch genetische Koppelung von erwünschten mit schädlichen Faktoren im Erbgang können nachteilige Wirkungen ausgelöst werden und u. U. die Lebensfähigkeit homozygoter Formen überhaupt in Frage gestellt sein. Derartige nachteilige Anlagen können die verschiedensten Eigenschaften betreffen, so etwa die Körperform und -entwicklung, die Gesundheit und Konstitution, die Zucht- und Nutzleistungen; für einzelne Faktoren ist dies bereits nachgewiesen worden.

Ob und wie weit zwischen den verschiedenen Haustierarten und vielleicht auch den verschiedenen Rassen einer jeden Tierart Unterschiede in der Empfindlichkeit gegen Inzucht bzw. in der Anfälligkeit gegen Inzuchtschäden bestehen, ist schwer zu entscheiden; im allgemeinen gelten Pferde und Rinder als relativ wenig, dagegen Schweine und Ziegen als stark inzuchtempfindlich. Es leuchtet nach dem zu dem Problem „Inzuchtschäden" Gesagten ein, daß mit solchen allgemeinen Angaben wenig anzufangen ist. Speziell für das Schwein liegen auch gegenteilige Beobachtungen vor und man geht wohl nicht fehl in der Annahme, daß gerade beim Schwein, dessen heutige Kulturrassen die Ergebnisse vielfacher Kreuzungen sind, in erhöhtem Maße mit dem Vorhandensein unerwünschter rezessiver Erbfaktoren gerechnet werden muß, die das Auftreten von Inzuchtschäden im Rahmen der Mendellehre erklärlich machen.

Abschließend läßt sich über die Inzucht, deren Geschichte, Bedeutung und Anwendungsmöglichkeiten bei der Wichtigkeit dieses Zuchtverfahrens eingehender behandelt wurden, folgendes sagen: Die Inzucht hat sich in der Haustierzüchtung in vielen Fällen als ein geeignetes, ja unentbehrliches Mittel zur Häufung und Festigung wertvoller Erbanlagen, zur Schaffung von Blutlinien und zur Züchtung neuer Rassen und Schläge erwiesen. Sie kann auf die Dauer nur dann von Erfolg begleitet sein, wenn gesundes, konstitutionell einwandfreies Tiermaterial zur Verfügung steht, der Erbwert der Tiere möglichst zuverlässig ermittelt werden kann und sich eine gesunde, naturgemäße Haltung durchführen läßt. In begründeten Fällen wird man das mit der Inzucht verbundene erhöhte Risiko im Interesse des züchterischen Fortschritts mit in Kauf nehmen. Die Inzucht ist kein Zuchtverfahren für die breite Masse der Züchter, sie verlangt zu erfolgreicher Anwendung besondere Erfahrungen und biologische Kenntnisse und überdurchschnittliche züchterische Fähigkeiten.

Von Kreuzung spricht man in der Tierzucht, wenn Tiere verschiedener Rassen bzw. Schläge miteinander gepaart werden, wobei es grundsätzlich gleichgültig ist, welcher der beteiligten Rassen und Schläge jeweils das männliche oder das weibliche Tier entstammt.

Der Anlaß zur Vornahme von Kreuzungen kann mannigfaltiger Art sein; er geht aber letzten Endes immer auf die Unzufriedenheit der Züchter oder Tierhalter mit den Eigenschaften, Leistungen oder Ansprüchen der vorhandenen Tiere, Rassen oder Schläge zurück. Verschiedene Arten der Kreuzung ergeben sich im einzelnen, je nachdem, ob ein möglichst vollständiger Ersatz einer Rasse oder eines Schlages durch eine andere erstrebt wird, oder nur der Wunsch besteht, einzelne Merkmale oder Eigenschaften zu ersetzen bzw. die vorhandenen Tierbestände zusätzlich mit bestimmten Eigenschaften auszustatten, die ihnen bisher fehlten. Eine Kreuzung kann außerdem in der Absicht vorgenommen werden, gute und erwünschte Eigenschaften zweier oder mehrerer Rassen (Schläge) in einer neuen zu vereinigen. Dem jeweils verfolgten Zweck entsprechend unterscheidet man in der züchterischen Praxis zwischen Verdrängungskreuzung, Veredelungskreuzung und Vereinigungskreuzung; eine weitere Art von Kreuzung stellt die Gebrauchskreuzung dar.

Die Schwierigkeiten, die die Kreuzung als Zuchtverfahren in jedem Fall — abgesehen von der sogenannten Gebrauchskreuzung — in sich birgt, sind darin begründet, daß es nach jeder Kreuzung in den Nachzuchtgenerationen zu Aufspaltungen der Erbanlagen kommen muß, weil die Individuen der ersten Kreuzungsgeneration heterozygot veranlagt sind und demgemäß ihre Nachkommen genotypisch verschieden ausfallen. Bei Kreuzungen kann demnach immer nur ein gewisser Prozentsatz der Nachkommen erblich so veranlagt sein, daß er die Anlagen für die gewünschten Eigenschaften oder Merkmale selbst besitzt und weiter vererben kann. Der Erfolg solcher Paarungen bzw. die Zahl der Generationen, die notwendig sind, um die erstrebten Eigenschaften vererbungssicher zu machen, hängt zunächst von der genetischen Beschaffenheit des Ausgangsmaterials und dem Vererbungsmodus ab, dem die betreffenden Eigenschaften folgen, und schließlich von der Schärfe der Auslese, der die Kreuzungsnachzucht unterworfen wird. Je rücksichtsloser alle Individuen von der Weiterzucht ausgeschlossen werden, die als genotypisch dem gesteckten Zuchtziel nicht entsprechend erkannt werden, desto rascher wird man zum Zuchterfolg kommen; in der Praxis spielen dabei allerdings wirtschaftliche Notwendigkeiten eine wesentliche Rolle und verbieten oft ein scharfes Vorgehen bei der Auslese. Eine möglichst sorgfältige und zuverlässige Ermittlung der erblichen Veranlagung, des Erbwertes, jedes einzelnen Kreuzungsnachkommen ist Voraussetzung für den Erfolg des Kreuzungsverfahrens. Solche züchterischen Maßnahmen erfordern nicht nur entsprechende Kenntnisse und Erfahrungen, die nicht jeder Züchter in ausreichendem Maße besitzt, sondern bringen auch zunächst finanzielle Opfer mit sich. Wenn diese Forderungen nicht erfüllt werden, wird man mit dem Zuchtverfahren der Kreuzung voraussichtlich Schiffbruch leiden; die Geschichte der Tierzucht hat manche Beispiele dafür, denn nicht selten ist man auf dem Wege der Kreuzung nicht ans Ziel gekommen, weil man die züchterischen Schwierigkeiten dieses Verfahrens unterschätzte und nicht bereit bzw. in der Lage war, die finanziellen Lasten auf sich zu nehmen, die mit dem Ausschluß ungeeigneter Nachkommen von der Weiterzucht verbunden gewesen wären. Die praktische Erfahrung lehrt, daß bei Anwendung des Kreuzungsverfahrens in der Tierzucht meistens mehr Zeit und Kosten aufgewendet werden müssen, als von den Beteiligten bei Beginn eines solchen Züchtungsexperiments angenommen wird.

Unerläßlich ist es auch, daß man sich gerade bei Anwendung der Kreuzungszucht darüber im klaren ist, daß zwischen Erbanlagen und Umwelt enge Wechselbeziehungen bestehen. Jede Kreuzung bringt eine Veränderung des Erbanlagenbestandes mit sich und damit eine mehr oder weniger weitgehende Störung des Gleichgewichts zwischen Erbanlagen und Umwelt; dieses gestörte Gleichgewicht muß baldigst wieder hergestellt werden. Soweit zur Ausführung von Kreuzungen Tiere anspruchsvollerer Rassen im Vergleich zu dem ursprünglichen Tiermaterial herangezogen werden, was in der Regel der Fall sein wird, werden sich auch bei den Kreuzungsprodukten und den nachfolgenden Generationen bzw. bei den aus der Kreuzung hervorgegangenen neuen Rassen und Schlägen mit ihren leistungsfähigeren Anlagen die Ansprüche an die Umwelt steigern. Das bedeutet für die neuen Rassen und Schläge normalerweise einen höheren Aufwand an Futter nach Menge und Güte, an Pflege und Wartung; diese Ansprüche werden meist um so höher sein, je größer der Anteil der anspruchsvolleren Rasse an der Neuzüchtung ist.

Die Vereinigungs- oder Kombinationskreuzung verfolgt das Ziel, erwünschte Eigenschaften und Merkmale zweier, u. U. auch mehrerer Rassen (Schläge) in einer neuen zu vereinigen und dabei natürlich nach Möglichkeit gleichzeitig unerwünschte Eigenschaften der beteiligten Ausgangsrassen zu beseitigen. Bei diesem Kreuzungsverfahren treten die Ausgangsrassen sozusagen als gleichwertige Partner in die Kreuzung ein. Diese geht regelweise so vor sich, daß die Individuen der ersten Kreuzungsgeneration (F_1-Generation) untereinander gepaart werden und aus den Produkten dieser Paarungen, also aus der F_2-Generation, diejenigen Tiere zur Weiterzucht und wechselseitigen Paarung ausgewählt werden, die den Besitz der gewünschten Anlagekombination vermuten lassen und diese — falls die Annahme richtig ist — auf ihre Nachkommen oder wenigstens einen Teil derselben weitervererben. Je größer die Zahl der unabhängig sich vererbenden Merkmalsanlagen ist, die durch die Kombinationskreuzung in einer neuen Rasse vereinigt werden sollen, desto schwieriger ist es, die erwünschten Typen zu erzüchten und desto größer muß das für eine entsprechende Auslese verfügbare Tiermaterial sein. Das züchterische Ziel der Kombinationskreuzung ist es letzten Endes, Individuen zu züchten, die homozygot in den Erbanlagen sind, die man durch die Kreuzung in einer neuen Rasse vereinigen will; je schneller und vollständiger dies erreicht wird, desto mehr ist die Konstanz der neuen Rasse gesichert.

Anders als die Kombinationskreuzung erstrebt die Veredelungskreuzung keine mehr oder weniger gleichwertige Vereinigung zweier oder mehrerer Rassen (Schläge) in der Kreuzung, sondern lediglich die Bereicherung einer vorhandenen Rasse durch Übernahme einer oder mehrerer erwünschter Eigenschaften einer anderen unter Beibehaltung des allgemeinen Rassecharakters der verhandenen Rasse. Wenn also eine solche Rasse nach ihrem Genotyp, ihren Leistungen und

Ansprüchen im ganzen befriedigt und nur eine oder einzelne Eigenschaften wie etwa genügende Schnelligkeit, ausreichende Frühreife, eine gewisse Wolleigenschaft oder auch bestimmte Exterieurmerkmale vermissen läßt, dann wird man versuchen, diese Eigenschaften auf dem Wege der Veredelungskreuzung von einer anderen Rasse zu übernehmen, der sie eigen sind. Es liegt auf der Hand, daß ein solches Unterfangen nicht ganz einfach und auch keineswegs von vornherein im Erfolg sicher ist. Es besteht natürlich — wie letzten Endes bei jeder Kreuzung — die Gefahr, daß nicht nur die erwünschten, sondern auch andere, unerwünschte Merkmale und Eigenschaften bei der Kreuzung mit übernommen werden, die dann u. U. nur sehr schwer wieder ausgemerzt werden können, oder daß brauchbare, bisher vorhandene Eigenschaften verlorengehen. Diese Schwierigkeiten werden dann besonders groß sein, wenn Koppelungen von Eigenschaftsanlagen erwünschter und unerwünschter Art vorliegen, wie dies bereits für Einzelfälle nachgewiesen werden konnte.

Das Ergebnis einer Veredelungskreuzung läßt sich im allgemeinen um so sicherer vorausbestimmen, je geringer die genotypischen Unterschiede zwischen den beteiligten Rassen sind und je ausgeglichener, „durchgezüchteter" die verwendeten Rassen bereits in sich sind. Handelt es sich aber bei den fraglichen Rassen um solche mit wenig einheitlichem Genotyp, so werden sie für die Kreuzungspaarung von Fall zu Fall unterschiedliche Erbanlagen mitbringen und die Kreuzungsprodukte werden sehr stark variieren. Weichen die Rassen nicht nur in Eigenschaften voneinander ab, um deretwillen die Kreuzung vorgenommen wird, sondern sind sie darüber hinaus überhaupt sehr verschieden veranlagt, dann sind Kreuzungsnachkommen unharmonischer, heterogener Art zu erwarten und es bedarf dann u. U. nicht nur vieler Nachzuchtgenerationen, um wieder zu einer Konstanz der Vererbung zu kommen, sondern diese Nachzucht wird sich auch wesentlich stärker von der zu veredelnden Rasse unterscheiden als ursprünglich beabsichtigt war. Veredelungskreuzungen sollten stets nur in dem Umfang vorgenommen werden, der zur Erreichung des beabsichtigten Zieles unbedingt notwendig ist und müssen erforderlichenfalls von Zeit zu Zeit wiederholt werden. Wie die Erfahrung lehrt, besteht die Gefahr, daß bei Verwendung dieses Zuchtverfahrens über das gerechtfertigte Maß hinausgegangen und die „Veredelung" weitergetrieben wird, als es den natürlichen und wirtschaftlichen Gegebenheiten des betreffenden Zuchtgebietes entspricht.

Man geht bei der Veredelungskreuzung in der Weise vor, daß man zur Veredelung möglichst harmonische, besonders rassetypische Tiere verwendet, die nicht nur die erwünschten Eigenschaften phänotypisch erkennen lassen, sondern von denen man auch auf Grund ihrer Abstammung und etwaiger bereits erbrachter Zuchterfolge annehmen darf, daß sie diese Eigenschaften auch auf die Kreuzungsnachkommen zu übertragen vermögen. In der praktischen Züchtung werden für ein solches Verfahren in der Regel nur männliche Tiere in Frage kommen, die infolge ihrer meist größeren Nachkommenzahl sich weit mehr auswirken können als weibliche.

Wesentlich weiter als bei der Veredelungskreuzung gehen die Absichten, die mit der Verdrängungskreuzung verfolgt werden. Es handelt sich bei diesem Zuchtverfahren, wie schon der Name sagt, um eine Kreuzung, durch die zum mindesten theoretisch eine Rasse (Schlag) durch eine andere verdrängt werden soll; die wesentlichsten Merkmale und Eigenschaften der vorhandenen Tierbestände sollen durch die entsprechenden einer anderen Rasse ersetzt werden.

Wenn eine Rasse (Schlag) aus irgendwelchen Gründen den zu stellenden Ansprüchen nicht mehr genügt oder zu genügen scheint, dann wird man geneigt sein, sie gegen eine andere, tatsächlich oder vermeintlich bessere auszutauschen. Da ein unmittelbarer Austausch schon aus finanziellen Gründen in größerem Umfang natürlich unmöglich ist, versucht man diesen auf indirektem Weg durch eine Verdrängungskreuzung zu erreichen. Es werden geeignet erscheinende Zuchttiere der erwünschten Rasse eingeführt, und zwar in der Hauptsache männliche; die weiblichen Tiere der heimischen Rasse werden als Zuchtunterlage für die Umzüchtung benutzt und die Auslese in den kommenden Generationen in Richtung auf die importierten Tiere vorgenommen. Man muß dann die anfallenden Kreuzungsprodukte soviele Generationen lang mit reinblütigen männlichen Zuchttieren der erstrebten Rasse anpaaren, bis die alte Rasse in die neue aufgegangen ist.

Als eine besondere Art von Kreuzung ist die sogenannte Blutauffrischung zu nennen; als solche bezeichnet man die Verwendung von nicht blutsverwandten Tieren gleicher Rasse oder gleichen Schlages aus anderen Zuchten oder Zuchtgebieten, wie sie vor allem zur Abwehr tatsächlicher oder vermeintlich drohender Inzuchtschäden angewendet wird, und im besonderen auch die Verwendung aus Originalzuchtgebieten stammender Zuchttiere in den Nachzuchtgebieten. Es macht erfahrungsgemäß des öfteren Schwierigkeiten, ein Nachzuchtgebiet züchterisch selbständig und vom Ursprungsgebiet der fraglichen Rasse völlig unabhängig zu machen. Diese Schwierigkeiten werden mitunter dadurch noch erhöht, daß man den Ehrgeiz hat, es in Typ, Masse und Schwere den Originalzuchtgebieten gleich tun zu wollen, anstatt sich in dieser Hinischt den Umweltbedingungen des Nachzuchtgebietes mehr anzupassen und dadurch schneller und sicherer zu einer Unabhängigkeit vom Originalzuchtgebiet zu kommen.

Von den bisher besprochenen Kreuzungsarten, die man unter dem Begriff der Zuchtkreuzungen zusammenfassen kann, unterscheidet sich grundsätzlich die sogenannte Gebrauchskreuzung. Sie wird in der Absicht vorgenommen, die Individuen der ersten Kreuzungsgeneration unmittelbar der Nutzung zuzuführen und mit ihnen nicht weiterzuzüchten.

In einzelnen Tierzuchtzweigen sind derartige Gebrauchskreuzungen in manchen Gegenden schon seit langem üblich. Die Gepflogenheit erklärt sich aus den günstigen Erfahrungen, die man mit diesem Verfahren unter gewissen Voraussetzungen gemacht hat; es hat sich für bestimmte Nutzungszwecke als recht brauchbar erwiesen. Die Kreuzungsprodukte vereinigen u. U. Eigenschaften in sich, die bei den Ausgangsrassen nur getrennt auftreten, oder sie übertreffen mitunter, allerdings keineswegs immer, die Ausgangsrasse in der Ausbildung bestimmter Merkmale und Eigenschaften; nicht selten zeigt sich eine gesteigerte Vitalität (Lebenskraft), ein schnellerer Entwicklungsverlauf, eine bessere Mastfähigkeit, eine günstigere Futterverwertung u. a. m.

Trotz der für bestimmte Gebrauchszwecke nicht zu bestreitenden Vorteile stehen die mit der Förderung der Tierzucht betrauten Organe und Körperschaften der Gebrauchskreuzung in der Regel mit gemischten Gefühlen, wenn nicht direkt ablehnend, gegenüber. Dies hat seinen Grund in der häufig gemachten Beobachtung, daß mit einzelnen Tieren der ersten Kreuzungsgeneration, entgegen dem klaren Zweck dieses Verfahrens, dennoch weitergezüchtet wird, was dann zwangsläufig zu Aufspaltungen in den weiteren Generationen mit allen ihren nachteiligen Folgen führen muß und die Reinzucht des betreffenden Gebietes gefährdet.

Da die meisten der heute gehaltenen Nutztierrassen und -schläge entweder aus Kreuzungen hervorgegangen sind oder doch zum mindesten in ihrer Entwicklung durch zeitweilige Verkreuzung mit anderen Rassen mehr oder weniger beeinflußt wurden, bietet die Geschichte der landwirtschaftlichen Haustierzucht viele interessante und lehrreiche Beispiele für die Auswirkung des Kreuzungsverfahrens auf den Werdegang der Tierbestände. Soweit nicht besondere geographische oder ethnographische Verhältnisse die Abgeschlossenheit und damit die Reinhaltung einzelner Tiergruppen gewährleisteten, wie dies etwa auf Inseln, in unzugänglichen Gebirgstälern usw. oder gelegentlich auch aus wirtschaftlichen Gründen der Fall war, ergaben sich durch die Wanderungen der Völkerschaften, durch Handel und Verkehr in zunehmendem Maße, sozusagen von selbst und zunächst ohne Zutun des Menschen Vermischungen und Verkreuzungen landwirtschaftlicher Nutztiere verschiedenster Art und Herkunft. Die Produkte solcher Zufallskreuzungen werden dann den Menschen je nach ihrem Ausfall angeregt haben, absichtlich und bewußt bestimmte Kreuzungen vorzunehmen, um damit wirtschaftliche Vorteile zu erzielen, bis mit zunehmender Kulturstufe die Tierhalter mehr und mehr die Zuchtwahl und Paarung in die Hand nahmen und planmäßig zu gestalten versuchten. Anstelle unkontrollierbarer, wilder Kreuzungen trat mehr und mehr die Kreuzung als Zuchtverfahren mit bestimmtem Zuchtziel.

In historischer Zeit wurde, wie Kronacher[1]) sagt „die Kreuzung in den Kulturstaaten aller Perioden bis auf den heutigen Tag den Tierzüchtern ein bewährtes und beliebtes Mittel zur Veränderung und Verbesserung der vorhandenen Haustierrassen".

In Deutschland machte sich im Laufe des vorigen Jahrhunderts die Notwendigkeit geltend, die Leistungen der landwirtschaftlichen Nutztiere nicht nur zu steigern, sondern z. T. auch zu verändern. Man glaubte vielfach diese erhöhten Leistungsansprüche mit den vorhandenen Viehbeständen nicht erfüllen zu können und hielt deshalb einen möglichst weitgehenden Ersatz der bestehenden Rassen und Schläge durch andere, zum mindesten aber ihre wesentliche züchterische Umwandlung, für unbedingt erforderlich und auf dem Wege der Kreuzung auch für erreichbar.

So begann in der deutschen Tierzucht eine Züchtungsperiode, die, weitgehend unter dem Zeichen der Kreuzung stehend, zu erheblichen Veränderungen des Rassebestandes und der Rassenverteilung und zur Entstehung neuer Rassen und Schläge führte, ohne daß allerdings der erwartete Erfolg in allen Fällen eintrat. Als Folge unüberlegter und falsch durchgeführter Züchtungsmaßnahmen kam es vielmehr mitunter lediglich zu einer Schädigung der vorhandenen, durchaus verbesserungsfähigen Bestände und damit zu einer Verzögerung des züchterischen Fortschritts. Man hat sich des öfteren durch die Leistungen fremder Rassen blenden lassen, die in ihrem Heimatgebiet unter wesentlich günstigeren Lebensbedingungen gehalten wurden und die infolgedessen versagten, als man sie auf dem Wege der Verdrängungskreuzung zur Erzüchtung neuer Rassen in anderen, bescheideneren Umweltverhältnissen verwendete. Trotz solcher gebiets- und zeitenweise unbestreitbarer Mißerfolge hat die Kreuzungszucht aber doch im ganzen gesehen zu einer Verbesserung der deutschen Tierbestände und ihrer Leistungen erheblich beigetragen, wenn auch nicht immer in dem erwarteten Ausmaß und mitunter nur auf recht kostspieligen Umwegen.

---

[1]) Kronacher C., Allgemeine Tierzucht, 4. Abt., 2. Aufl. Berlin 1921.

Die Zahl der durch wilde, d. h. planlose Kreuzungen erzeugten rasselosen Tiere ist auch heute noch viel zu groß. Sie beeinträchtigen die Durchschnittsleistung in der Landestierzucht und sind eine ständige Gefahr für die Reinzuchtbestände; ihr Ersatz durch rassetypische, reingezüchtete Leistungstiere ist ein dringendes Gebot. Soweit der Ausschluß solcher Tiere von der Zucht aus wirtschaftlichen Gründen nicht angängig erscheint, ist die allmähliche Verbesserung ihrer Nachzucht auf dem Wege der Verdrängungskreuzung durch Anpaarung mit reinrassigen Tieren anzustreben. Die Gefahr wilder Kreuzungen ist naturgemäß immer da besonders groß, wo mehrere Rassen oder Schläge einer Tierart in einem Gebiet neben- und durcheinander gehalten werden, und in Grenzgebieten zweier Rassen und Schläge. Der in den letzten Jahrzehnten in unserer deutschen Tierzucht festzustellende Rückgang der Zahl der selbständigen Rassen und Schläge und die dadurch eingeleitete Schaffung großer, geschlossener Zuchtgebiete für jeweils eine Rasse sind auch in dieser Hinsicht nur zu begrüßen, soweit sie nicht zum Verlust erhaltungswürdiger Rassen und Schläge führen. Ein notwendiger Wechsel des Zuchtziels wird u. U. auch einen Wechsel des Zuchtverfahrens erforderlich machen; je mehr der Züchter die Kunst der Züchtung beherrscht, desto leichter wird er Umstellungen ohne zu große Schwierigkeiten und wirtschaftliche Opfer durchführen können, wenn sie unvermeidbar sind.

Die praktische Züchtung muß mit der Rassewahl beginnen, d. h. mit der Entscheidung darüber, mit welcher Rasse die Zucht betrieben werden soll. Die heute vorhandenen Haustierrassen unterscheiden sich bei den einzelnen Tierarten nicht nur nach dem Äußeren und nach den Leistungen, sondern auch hinsichtlich der Ansprüche, die sie an die Haltung, Fütterung und Pflege stellen, z. T. recht erheblich voneinander. Diese Anforderungen lassen sich in der Regel dann am besten erfüllen, wenn man sich bei der Wahl der Rassen den in der betreffenden Gegend herrschenden Zuchtrichtungen anschließt, zumal dann auch die Beschaffung bzw. der Austausch von Zuchttieren und der Absatz der eigenen Zuchtprodukte im allgemeinen leichter vonstatten geht. Im großen und ganzen läßt sich erfreulicherweise feststellen, daß wir in Deutschland bewährte, bodenständige Rassen besitzen, die in verschiedener Richtung gut veranlagt sind und deshalb bei entsprechender Haltung und Pflege vielseitige Leistungen erfüllen können.

c) Individuelle Zuchtwahl (Erbwertermittlung)

Ist die Frage der Rassewahl in der Regel unschwer zu entscheiden, so erwächst dem Züchter in der Prüfung der Reinrassigkeit der zur Paarung bestimmten Zuchttiere eine besonders verantwortungsvolle, weil für das Zuchtergebnis entscheidende Aufgabe. Da die Zugehörigkeit eines Tieres zu einer bestimmten Rasse, wie wir sahen, allein noch keine Gewähr für seine Zuchtbrauchbarkeit und die Güte seiner Erbanlagen gibt, muß die Zuchtwahl — sofern eine planmäßige Zucht betrieben werden soll — durch die individuelle Bewertung der Zuchttauglichkeit und des Erbwertes der einzelnen Tiere ergänzt werden; damit wird das Einzeltier in den Mittelpunkt der züchterischen Arbeit gestellt und die Schaffung geeigneter und zuverlässiger Methoden der Erbwertbestimmung die wichtigste Aufgabe der Tierzuchtforschung überhaupt.

Jedes Zuchttier besitzt ungeachtet seines Geschlechts und seiner Rassezugehörigkeit Merkmale und Eigenschaften, die es für die Zuchtverwendung mehr oder weniger geeignet erscheinen lassen. Nach der Theorie sollen nur solche Tiere zur Zucht Verwendung finden, die nicht nur nach ihrer Abstammung, sondern auch nach ihrem Körperbau, dem Ablauf ihrer Lebensverrichtungen, nach ihren Zucht- und Nutzleistungen in jeder Hinsicht befriedigen und eine sichere Vererbung ihrer guten Eigenschaften erwarten lassen; im praktischen Zuchtbetrieb wird es aber selten möglich sein, allen diesen Anforderungen gerecht zu werden. Nach Körperbau und Lebenstätigkeit vollkommen fehlerfreie Tiere gibt es, wie wir sahen, ebensowenig wie solche, die nach ihren Zucht- und Nutzleistungen alle Wünsche erfüllen. Im übrigen werden die gegebenen natürlichen und wirtschaftlichen Gesichtspunkte die Zuchtmaßnahmen in jedem Einzelfall mehr oder weniger weitgehend beeinflussen und es wäre falsch, die züchterischen Wünsche vor die wirtschaftlichen Notwendigkeiten zu stellen. Deshalb wird in der Praxis ein allmähliches, schrittweises Vorgehen oft auch da angebracht sein, wo die Zucht an sich durch radikalere Maßnahmen rascher gefördert werden könnte, so etwa durch den Ankauf guter weiblicher Zuchttiere. In der Regel wird der Züchter seine Zucht mit den weiblichen Tieren des eigenen Bestandes aufbauen müssen und hochwertiges Zuchtmaterial nur in bescheidenem Umfang zukaufen können; er wird deshalb vielfach bei der Auswahl der Tiere, mit denen er züchten will, zunächst keinen allzu strengen Maßstab anlegen können. Gleichwohl muß in jedem Fall das Ausgangsmaterial gewisse Mindestanforderungen erfüllen, wenn überhaupt die Zucht mit einiger Aussicht auf Erfolg betrieben werden soll.

Das Ziel, das wir in der deutschen Tierzucht verfolgen, nämlich die Erzüchtung von Tieren, die Zucht- und Nutzleistungen von großer Höhe bei langer Lebensdauer, also hohe Dauerleistungen liefern, setzt voraus, daß die Tierbestände, denen wir die Zuchttiere entnehmen, gesund und konstitutionell einwandfrei sind. Gesundheit und Konstitution sind also die Eigenschaften, von deren Vorhandensein das Ausmaß aller Leistungen, besonders aber aller Dauerleistungen entscheidend abhängt. Nur von gesunden, konstitutionell einwandfreien Tieren ist die Erzeugung gesunder, leistungsfähiger Nachkommen zu erwarten. Sind etwaige gesundheitliche Störungen auf erblicher Veranlagung begründet, so werden die betreffenden Tiere ihren Nachkommen oder doch einem Teil derselben die Anlagen für bestimmte Krankheiten oder zum mindesten eine erhöhte Anfälligkeit dafür mit auf den Lebensweg geben.

Man spricht von Erbfehlern, um solche Krankheiten oder Mängel zu bezeichnen, deren Auftreten auf erblicher Veranlagung des betreffenden Tieres beruht, sei es, daß selbst Erbanlagen krankhafter Art vorhanden sind, sei es, daß die erblich bedingte Konstitution das Zustandekommen solcher Fehler begünstigt. Erbfehler sind stets eine große Gefahr für die Zucht und ihre Ausmerzung eine Notwendigkeit. Die

Wahrscheinlichkeit ihrer Weiterverbreitung ist um so größer, je mehr Vorfahren des betreffenden Tieres den fraglichen Erbfehler besessen haben. Für das Wirksamwerden solcher Mängel sind die Umweltverhältnisse von Bedeutung; es ist durchaus denkbar, daß ein Erbfehler in der Erbmasse eines Tieres vorhanden ist und somit auch weiter vererbt werden kann, infolge guter Haltung, sorgfältiger Aufzucht und schonender Behandlung bei dem betreffenden Tier selbst aber nicht in Erscheinung tritt. In Rassen und Beständen, in denen bei der Zuchtwahl auf eine gute Gesundheit und auf Freisein von wesentlichen Fehlern und Mängeln geachtet wird, läßt sich die Zahl der erbgesunden Tiere durch entsprechende Auslese laufend vermehren.

Tiere mit guter, harter Konstitution sind im allgemeinen nicht nur gegen manche Krankheiten unempfindlicher als andere, sondern vermögen diese auch rascher und vollständiger zu überwinden. Eine schwache, zu wenig widerstandsfähige Konstitution bedeutet in jedem Fall erhebliche Anfälligkeit gegen Schäden der Umwelt. Am deutlichsten und überzeugendsten erweist sich die Güte der Konstitution gegenüber ungünstigen Umweltverhältnissen und besondere Beanspruchung durch Zucht- und Nutzleistungen. Rauhe Aufzucht, harte Haltung, starke Arbeitsbeanspruchung sind die sicherste Konstitutionsprüfung; sie zeigen, wie sich das Tier mit den Anforderungen der Umwelt abfindet.

Eine sorgfältige B e u r t e i l u n g d e r ä u ß e r e n E r s c h e i n u n g der für die Zuchtverwendung in Aussicht genommenen Tiere ist schon deshalb notwendig, weil mit der Vererbung vorhandener körperlicher Mängel und Fehler, mit ihrem Wiederauftreten bei den Nachkommen oder doch einem Teil derselben, stets gerechnet werden muß. Vom züchterischen Standpunkt aus wird man bei der Beurteilung von Fehlern des Körperbaues im allgemeinen einen um so strengeren Maßstab anlegen müssen, je früher sie auftreten und je weniger sie als Folge naturwidriger, ungeeigneter Aufzucht und Haltung angesehen werden können; man muß dann annehmen, daß sie auf ungünstige Erbanlagen zurückzuführen sind und die Zuchttauglichkeit des betreffenden Tieres von vornherein in Zweifel ziehen. Weniger belastend erscheint es dagegen, wenn körperliche Mängel oder Fehler offensichtlich als Folge ungewöhnlich schlechter Haltung, unzureichender Fütterung oder übermäßiger Arbeits- und Zuchtverwendung sich einstellen, wie man auch bei alten Tieren, die lange Jahre zur Zucht und Arbeit benutzt wurden, Körperschäden im allgemeinen milder beurteilen wird als bei anderen.

Wenn aus wirtschaftlichen Gründen auf die Zuchtverwendung mit Körperfehlern behafteter Tiere nicht verzichtet werden kann, wird man bemüht sein, durch eine entsprechende Auswahl des Paarungspartners einen Ausgleich zu schaffen. So wird man beispielsweise ein Rind mit einem wenig festen Rücken bei der Paarung möglichst einem Bullen zuführen, bei dem diese Körperpartie besonders gut ausgebildet ist. Ganz verfehlt wäre es dagegen, in solchen Fällen einen Fehler oder Mangel des einen Tieres durch den entgegengesetzten des Paarungspartners ausgleichen zu wollen, denn Fehlerhaftes mit Fehlerhaftem gepaart gibt nicht den erwünschten Ausgleich; nur durch Verwendung besonders gut gebauter und erfahrungsgemäß sicher vererbender Zuchtpartner kann man eine Milderung oder Beseitigung von Fehlern erhoffen.

Die Futteransprüche müssen in angemessenem Verhältnis zu der Leistung stehen; schwerfuttrige, wählerische und anspruchsvolle Tiere sind wenig geeignet. Man wird deshalb bei der Zuchtwahl auch das Futterverwertungsvermögen als erblich bedingte Eigenschaft entsprechend berücksichtigen müssen; dies ist um so notwendiger, als die Futterkosten in der Regel einen wesentlichen Teil der Gesamthaltungskosten der Tiere bzw. der Erzeugungskosten für tierische Produkte ausmachen. Eine rasche Jugendentwicklung und damit eine frühe Zucht- und Nutzungsreife ist an sich erwünscht, weil sie unter sonst gleichen Verhältnissen eine Verringerung der Aufzuchtkosten bedeutet. Es darf aber nicht übersehen werden, daß im Rahmen ihrer Rassezugehörigkeit ungewöhnlich frühreife Tiere meist einen höheren Futter- und insbesondere Eiweißbedarf haben und nicht selten empfindlicher und anfälliger sind als andere. Spätreife Tiere sind im allgemeinen länger zuchttauglich und verbrauchen sich nicht so rasch wie ausgesprochen frühreife.

Vom männlichen Zuchttier verlangen wir neben bester Gesundheit und Konstitution einen klaren Rasse- und Geschlechtstyp, d. h. eine deutliche Ausprägung der Merkmale und Eigenschaften seiner Rasse und seines Geschlechts. Der Körperbau muß den an anderer Stelle dargelegten Ansprüchen genügen, zum mindesten frei von Fehlern sein, die eine erhebliche Minderung des Zuchtwertes erwarten lassen. Den mittelschweren, tiefen, rumpfigen und breiten Tieren wird dabei gegenüber den übermäßig großen, schweren und massigen der Vorzug zu geben sein, zumal man bei letzteren immer mit einem verhältnismäßig hohen Futterverbrauch rechnen muß. Fehlerfreies, im Rahmen der Rassezugehörigkeit aber gleichwohl genügend lebhaftes Temperament, hohe eigene und möglichst durch Leistungsprüfungen auch für die Vorfahren und die schon vorhandene Nachzucht geprüfte Nutzleistungen und vor allem Vererbungssicherheit, gutes Befruchtungsvermögen und einwandfreie Sprungfähigkeit sind wertbestimmende Eigenschaften.

Da das männliche Zuchttier durch seine in der Regel größere Nachkommenzahl auf die Entwicklung der Landestierzucht meist einen wesentlich stärkeren Einfluß ausübt als das einzelne weibliche, wird man bei seiner Bewertung stets einen besonders strengen Maßstab anlegen müssen. Als Zuchttiere ungeeignete männliche Tiere können nach erfolgter Kastration als Arbeitstiere (Pferd, Rind), als Wollieferanten (Schaf) oder als Masttiere (Rind, Schwein, Schaf, Ziege) genutzt werden und so zum mindesten einen Teil ihrer gegenüber reinen Nutztieren höheren Aufzuchtkosten einbringen. Die an männliche Zuchttiere zu stellenden Anforderungen gelten sinngemäß auch für die weiblichen, doch wird man bei diesen aus wirtschaftlichen Gründen nicht selten gezwungen sein, größere Zugeständnisse zu machen; man sollte aber stets bei der Zuchtwahl auf gute Muttereigenschaften des weiblichen Tieres achten sowie vor allem auf eine normale Geschlechtstätigkeit und ausreichende Milchproduktion.

Im allgemeinen werden nur gesunde, harte, ausdauernde und genügend lange, breite, tiefgestellte und rumpfige Tiere ihre Aufgaben als Muttertiere erfüllen können.

Der wirtschaftliche Wert eines Zuchttieres bestimmt sich durch die Zucht- und Nutzleistungen, die es selbst zu vollbringen vermag und im besonderen durch die Fähigkeit, die Anlagen für gute Leistungen auf die Nachkommen zu übertragen. Tiere, die bei angemessener Haltung und Fütterung selbst keine befriedigenden Leistungen aufweisen und bei deren Vorfahren und etwa schon vorhandenen Nachkommen solche ebenfalls nicht festzustellen sind, sind nicht nur selbst als Nutztiere ungeeignet, sondern lassen auch für ihre weitere Nachzucht kaum Gutes erwarten.

Voraussetzung für eine Beurteilung des Genotyps eines Zuchttieres ist eine möglichst gute Kenntnis seiner Abstammungsverhältnisse. Entscheidend für den Erbwert sind die Anlagen der Eltern; der Einfluß früherer Vorfahren ist durchschnittlich um so geringer, je weiter ihre Generation zurückliegt.

Soweit der Züchter die Vorfahren seiner Zuchttiere aus mehreren Generationen nicht selbst gekannt hat und ihre Mängel und Vorzüge aus eigener Anschauung zu würdigen weiß, was nur selten zutreffen wird, muß er bemüht sein, auf andere Weise sich über ihre Abstammungsverhältnisse zu unterrichten. Handelt es sich dabei um Herdbuchtiere, so macht in der Regel die Feststellung der Abstammung an Hand von Abstammungsnachweisen keine Schwierigkeiten. Diese enthalten in Form der sogenannten Ahnentafel eine generationsweise geordnete Übersicht der Vorfahren des betreffenden Zuchttieres. Der Wert solcher Abstammungsnachweise als Hilfsmittel zur Ermittlung des Erbwertes der Zuchttiere ist um so größer, je mehr sie neben den Angaben von Namen, Herdbuchnummer, Geburtsdatum und Herkunft der einzelnen Vorfahren auch solche über ihre Zucht- und Nutzleistungen enthalten. Letzteres wird um so mehr möglich sein, je mehr sich die Leistungsprüfungen in der Tierzucht durchsetzen und verbreiten, was erfreulicherweise in zunehmendem Maße der Fall ist.

Die Voraussetzungen für eine möglichst zuverlässige Beurteilung des Erbwertes eines Tieres werden erheblich verbessert,

Pontus 4790	Polar 22345	Pol 16900
		Wernia 14960 A X—9—3157—4, 35—137
	Fichte 19406 IV—4—3735—3, 88—145	Donar 15530
		Fanny 18619 E (m) + VI—9—3339—3, 81—127
Lerche 6539 RL + E (m) X—11—3900—4, 14—161	Zimmermann 20400 P	Arno 292
		Dora 2525 P DRLB + XII—16—3623—4, 20—152
	Lotte 19439 DRLB E (M) P +III—4—5266—3, 73—195	Brutus 16000 DRLB P
		Lore 18109 + V—4—4409—4, 27—188

Abb. 3. Leistungsahnentafel

Erläuterung der Zeichen: RL = einmal im Rinderleistungsbuch eingetragen, RL + = zweimal im Rinderleistungsbuch eingetragen, E (M) = Stammkuh einer eingetragenen Erbfamilie in Milch, E (m) = Glied einer eingetragenen Erbfamilie in Milch, DRLB = eingetragen in das alte Deutsche Rinderleistungsbuch, P = prämiiert auf Bezirks- oder Landestierschauen, A = Arbeitskuh. Beispiel: Lerche X—11—3900—4, 14—161 = Kuh Lerche hat 10 Kälber, 11 Jahresabschlüsse mit durchschnittlich 3900 kg Milch, 4,14% Fett und 161 kg Milchfett. + = Tier ist tot.

wenn nicht nur Angaben über die Eigenschaften und Leistungen der Vorfahren, sondern auch solche über die Nachkommen vorhanden oder zu beschaffen sind. Eine generationsweise geordnete Übersicht über die Nachkommen eines Zuchttieres gibt die Blutlinientafel oder Familientafel; auch hier liegt der Wert als züchterisches Hilfsmittel nicht in der einfachen Aufzählung von Namen und Herdbuchnummern, sondern in den Angaben über Eigenschaften und Leistungen der aufgeführten Tiere. Das Bild des mutmaßlichen Erbwertes des Ausgangstieres einer solchen Nachzuchtübersicht wird an Zuverlässigkeit erheblich gewinnen, wenn eine große Anzahl von Nachkommen erfaßt ist. In der Praxis wird diese Forderung allerdings oft nicht erfüllt werden können, denn einerseits ist die Zahl der Nachkommen infolge der langsamen Generationsfolge, zum mindesten bei den großen Haustieren, an sich nicht besonders groß und andererseits stehen häufig die Elterntiere selbst nicht mehr in Zuchtverwendung, wenn über den Wert ihrer Nachkommen ein einigermaßen klares Bild gewonnen werden kann. Nicht zuletzt auch aus diesem Grunde verdient die schon aus betriebswirtschaftlichen Erwägungen zu erhebende Forderung, gute Tiere möglichst lange zur Zucht zu verwenden, volle Beachtung.

Den Bemühungen, Einblick in die Erbanlagen eines Tieres zu bekommen, seinen Erbwert (Erbbild) zu ermitteln, stehen erhebliche Schwierigkeiten entgegen. Den heutigen Methoden der Erbwertbestimmung haften noch so große Fehlermöglichkeiten an, daß man berechtigterweise nicht von einer Erbwertermittlung, sondern eigentlich lediglich von einer Erbwertschätzung sprechen kann, und selbst diese ist nur unter günstigen Voraussetzungen möglich. Die Problematik bei der Erbwertschätzung liegt darin, daß das Erbbild in jedem Fall durch die Umwelteinflüsse mehr oder weniger stark überdeckt und modifiziert wird. Die innere Veranlagung, die Erbanlagen eines Tieres, kann man aus dem Phänotyp nur dann erschließen, wenn es gelingt, den jeweiligen Einfluß der nicht erblichen Faktoren einigermaßen zuverlässig zu bewerten bzw. ihn auszuschalten. Es sind Faktoren verschiedener Art, die nicht erbliche Einflüsse auf den Phänotyp ausüben können. So kann das Alter unabhängig von den Erbanlagen für bestimmte Nutzleistungen den Phänotyp beeinflussen; es ist beispielsweise eine bekannte Erscheinung, daß die Milchleistung in der ersten Laktation unter sonst gleichen Verhältnissen bei ein und demselben Tier geringer ist als in den späteren. Bei Schweinen verschiedener Rassen konnte ein Ansteigen der Wurfgröße mit zunehmendem Alter bzw. zunehmender Wurfzahl bis zu einem bestimmten Optimum nachgewiesen werden.

Das Inerscheinungtreten mancher Merkmale, Eigenschaften oder Leistungen ist an das Geschlecht gebunden. Leistungen, die mit dem Wachstum in Beziehung stehen, wie etwa die Zuwachsleistung und die Futterverwertung während der Mast, die Wolleistung in einer bestimmten Zeiteinheit, die Fleisch- und Fettqualität sind je nach dem Geschlecht des Tieres mehr oder weniger verschieden und deshalb nicht ohne weiteres vergleichbar.

Daß sich die unterschiedlichen Standortverhältnisse sehr stark geltend machen können, ist hinreichend bekannt; der Einfluß macht sich nicht nur bei den Weide- und Arbeitstieren bemerkbar, die sich viel im Freien aufhalten, sondern auch bei Stalltieren. Mitunter können sich schon relativ kleine Unterschiede in den Umweltverhältnissen phänotypisch recht deutlich auswirken; dies gilt besonders für die Art und Menge des Futters. Die Stalldurchschnitte der Milchleistung bei Milchkühen schwanken erfahrungsgemäß im Laufe der Jahre auch innerhalb eines Stalles; für die Vierwochengewichte von Ferkeln und die Gewichte von Mastschweinen sind jahreszeitlich bedingte Schwankungen nachgewiesen worden.

Fehler bei der Feststellung des Phänotyps, also „Beobachtungsfehler" lassen sich nie völlig vermeiden, aber durch gute Beurteilungs- und Prüfungsverfahren und sorgfältige Arbeitsweise doch erheblich einschränken. Über das Ausmaß solcher bei der Milchkontrolle möglichen Beobachtungsfehler und die Sicherheit der Methodik derartiger Leistungsprüfungen haben u. a. die Untersuchungen des Verfassers[1]) Aufschluß gegeben; das Maß solcher Fehlermöglichkeiten wird nicht selten unterschätzt. Die Schweinemastleistungsprüfungen enthalten eine methodische Fehlerquelle dadurch, daß man aus wirtschaftlichen Gründen jeweils nur je zwei Ferkel der zu prüfenden Würfe einer Probemast unterwirft und die Mastleistung dieser beiden Tiere auf den ganzen Wurf überträgt. Auch Zuchtmaßnahmen des Menschen können die Leistungen der Tiere mehr oder weniger abändern. So ist der vom Züchter festgesetzte Decktermin von Einfluß auf die Milch-

[1]) Vogel, H., Untersuchungen über die Zuverlässigkeit der Milchleistungskontrolle. Z. Züchtung B. XXII, 385, 1931.

leistung; durch den Zeitpunkt des Trockenstellens und durch eine evtl. Vorbereitungsfütterung der Kühe in der Trockenzeit kann die Milchsekretion in der nachfolgenden Milchzeit beeinflußt werden.

Es ist ferner zu bedenken, daß die verschiedenen Eigenschaften bzw. die sie bedingenden Erbanlagen der Tiere in einem Wechselverhältnis zueinander stehen. So beeinflussen die auf die Sexualvorgänge bei der Kuh, wie etwa die Reifung der Graafschen Follikel und die Rückbildung der Gelbkörper wirkenden Erbanlagen die Höhe der Milchleistung auf dem Wege über die Veränderung der Länge der Trockenzeiten und der Zwischenkalbezeiten. Umgekehrt darf man aber auch annehmen, daß bei einem Tier mit Erbanlagen für sehr hohe Milchleistung die Gefahr einer Erschöpfung des Körpers durch konstitutionelle Überbeanspruchung und diejenige eines Mineralstoffmangels unter sonst gleichen Verhältnissen eher eintritt als bei anderen, was zu Störungen der Sexualfunktionen führen kann. Man muß sich nach dem Gesagten davor hüten, Erscheinungen in den Lebensverrichtungen eines Tieres ohne weiteres als umwelt- oder zufallsbedingt anzusehen, wenn genetisch bedingte Zusammenhänge und Wechselbeziehungen nicht unmittelbar zutage treten.

Es ist eine wichtige Aufgabe der Tierzuchtwissenschaft in Zusammenarbeit mit der praktischen Züchtung die Umwelteinflüsse nach ihrer Wirkung auf die Leistungen richtig abzuschätzen bzw. die Leistungen, die unter verschiedenen Umweltverhältnissen geliefert wurden, vergleichbar zu machen. Man darf dabei allerdings hinsichtlich der Trennbarkeit von Erbanlagen und Umwelteinflüssen bei den engen Wechselbeziehungen zwischen inneren und äußeren Faktoren und der Vielzahl der manche Merkmale und Eigenschaften beeinflussenden Anlagen von vornherein keine übertriebenen Erwartungen hegen bzw. Anforderungen stellen, die nicht erfüllt werden können.

Für die Bewertung nicht erblicher Einflüsse bzw. zu ihrer Ausschaltung gibt es zwei Wege. Der eine beruht auf der Voraussetzung, daß jedes einzelne Tier auf bestimmte Umweltverhältnisse annähernd so reagiert, wie eine große

Zahl von Tieren im Durchschnitt, der andere darauf, daß man die Umwelteinflüsse entweder von vornherein praktisch gleich gestaltet bzw. nur Tiere vergleichend bewertet, die gleichen Umweltverhältnissen unterworfen waren. Für den ersteren Fall kann folgendes Beispiel gelten: Wenn nachgewiesen ist, daß die Gewichte von Mastschweinen an einem vergleichbaren Stichtag durchschnittlich 20 Prozent höher liegen als im Vorjahr, dann würde man unterstellen, daß auch jedes einzelne Tier des vorjährigen Jahrgangs ein um 20 Prozent höheres Gewicht erreicht hätte, wenn es unter den — offenbar günstigeren — Bedingungen des laufenden Jahres gemästet worden wäre. Man würde also nach diesem Verfahren jedem Tier des vorjährigen Jahrgangs einen Zuschlag von 20 Prozent zu seinem tatsächlich festgestellten Gewicht geben, um aus den Gewichten verschiedener Jahrgänge Schlüsse auf die erbliche Veranlagung für Mastfähigkeit ziehen zu können.

Auf diese Weise lassen sich die Leistungen aus verschiedenen Jahrgängen auf einen vergleichbaren Nenner bringen, „normieren“. Eine Normierung anderer Art ist die bei der Auswertung der Ergebnisse der Milchkontrolle vielfach angewendete Methode der Umrechnung der individuellen Leistung in Prozenten des Stalldurchschnitts des betreffenden Betriebes und Jahres; auch bei diesem Verfahren wird eine Durchschnittsleistung als Vergleichsmaßstab gewählt und die Einzelleistung dazu in Beziehung gesetzt.

Der zweite Weg, zum Zwecke der Erbwertermittlung die verschiedenen Umwelteinflüsse auszuschalten ist der, daß man entweder die vergleichende Bewertung auf solche Tiere beschränkt, die unter praktisch gleichen Umweltverhältnissen leben oder lebten, oder dadurch, daß man von vornherein die Tiere unter gleichen Lebensbedingungen hält. So lassen sich die Leistungen der einzelnen Tiere bei der Probemast von Schweinen eines Jahrgangs und einer Mastanstalt unmittelbar miteinander vergleichen, ebenso auch die Leistungen von Legehennen eines einzelnen oder einiger annähernd gleichartiger Betriebe für das gleiche Legejahr. Dieses Verfahren hat den großen Vorteil der Einfachheit und vermeidet die mit einer Normierung immer verbundenen Fehlerquellen, freilich sind die Vergleichsmöglichkeiten dabei nur beschränkt. Auf keinen Fall sollte man die Schwierigkeiten und Fehlermöglichkeiten unterschätzen, mit denen man bei Normierungen jeder Art zu rechnen hat; die Durchführung solcher Arbeiten ist in der Praxis nicht ganz einfach.

Jeder Versuch, den Erbwert eines Tieres aus seiner Nachkommenschaft zu ermitteln, wird von vornherein dadurch erschwert, daß durch die jeweilige Anpaarung mit dem anderen Elternteil fremde Erbfaktoren zugeführt werden, die das Zuchtergebnis beeinflussen. Daraus ergibt sich die Notwendigkeit, auch den Genotyp der angepaarten Tiere zu berücksichtigen. Daß die Prüfung des Erbwertes der männlichen Zuchttiere von besonderer Bedeutung ist, liegt auf der Hand. Das trifft vor allem auch für die Erbanlagen solcher Eigenschaften zu, die bei den männlichen Tieren selbst nicht in Erscheinung treten, sondern nur bei den weiblichen, wie etwa die Milchleistung oder die Legeleistung. Es gilt aber auch für Eigenschaften und Merkmale, die bei den männlichen Tieren eine andere quantitative Ausbildung aufweisen als bei den weiblichen und infolgedessen nicht unmittelbar vergleichbar sind, so z. B. für das Körpergewicht, die Körpermaße, das Schurgewicht der Wolle. In solchen Fällen ist man auf den sogenannten Mutter-Töchter-Vergleich angewiesen, um den Erbwert des Vaters für das fragliche Merkmal abschätzen zu können; bei diesem Verfahren wird die Merkmalsausbildung jeder Tochter des zu bewertenden männlichen Tieres derjenigen ihrer Mutter gegenübergestellt. Wenn ein Vergleich möglich ist, sei es, weil die Umweltverhältnisse übereinstimmen, sei es, weil sie durch die Normierung ausgeschaltet werden können, dann läßt sich aus dem Ergebnis dieses Vergleiches der Erbwert des männlichen Tieres abschätzen.

Eine „normierte" Abstammungstafel, wie sie Abb. 4 aus einer Zucht des veredelten deutschen Landschafes widergibt, ermöglicht immerhin einen gewissen Einblick in die genetischen Zusammenhänge in einem Zuchtbestand und bedeutet einen Fortschritt auf dem Wege zu einer planmäßigen

Erbwertermittlung in der praktischen Züchtung. Die Erbwertzahlen für das Schurgewicht (S) und das Körpergewicht (K) sind für die weiblichen Tiere (♀) durch Umrechnung der absoluten Zahlen auf den jeweiligen Herdendurchschnitt, für

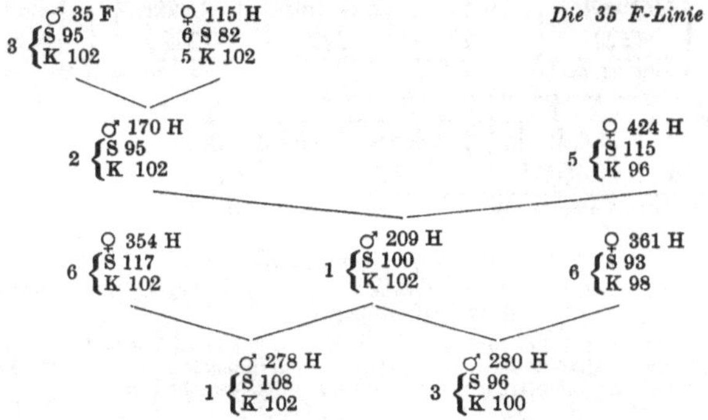

Abb. 4. Normierte Abstammungstafel (Erläuterungen im Text) (Nach Schmidt, von Patow und Kliesch; Züchtung, Ernährung und Haltung der landwirtschaftlichen Haustiere, 5. Auflage Verlag Parey, Berlin u. Hamburg 1950).

die männlichen (♂) aus dem Mutter-Töchter-Vergleich errechnet; aus diesen relativen Zahlen läßt sich ersehen, wie weit das betreffende Tier über oder unter der mittleren Veranlagung der Herde liegt. Die Ziffern vor S und K geben die Zahl der Jahresleistungen der Mutterschafe und der Deckjahre der Böcke an.

Vor allem da, wo die Erbwertermittlung der männlichen Tiere auf Grund des Mutter-Töchter-Vergleichs Schwierigkeiten macht, wie dies besonders in kleinbäuerlichen Betrieben mit geringem Tierbestand der Fall ist, legt man mit Recht mehr und mehr Gewicht auf die g e n e t i s c h e B e w e r t u n g v o n M u t t e r f a m i l i e n, d. h. aller Tiere, einschließlich der männlichen, die auf eine gemeinsame Stammutter zurückgehen. Solche Mutterfamilien mit möglichst ausgeglichenen, überdurchschnittlichen Leistungen aller ihrer Angehörigen sind der eigentliche Rückhalt der Zucht und bieten eine gute Ge-

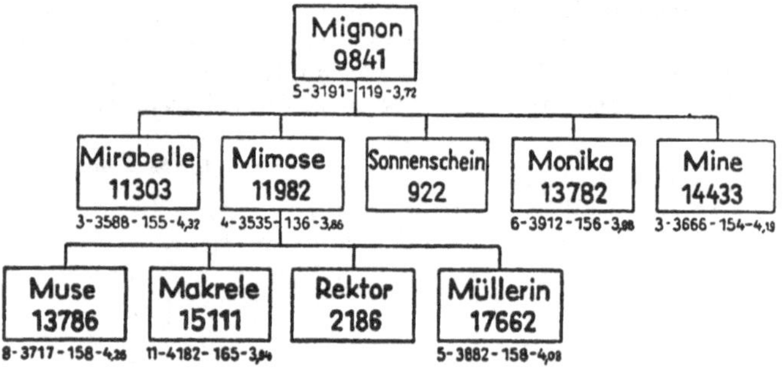

Abb. 5. Kuhfamilientafel
(Nach „Dürrwaechter, Züchtungsfibel", 2. Auflage, Bayer. Landw. Verlag G. m. b. H. München, 1949).

Erläuterung zu den Leistungszahlen; z. B. 3-3588-155-4,32 bedeutet 3 kontrollierte Jahresabschlüsse ergaben eine Durchschnittsleistung von 3588 kg Milch und 155 kg Milchfett bei einem Durchschnittsfettgehalt von 4,32% Fett.

währ für eine sichere Übertragung hochwertiger Erbanlagen auf die Nachzucht.

Der Forderung, bei der Erbwertschätzung männlicher Zuchttiere die erbliche Beschaffenheit der angepaarten weiblichen Tiere mit zu berücksichtigen, wird das sogenannte Erbgitter-Verfahren in guter Weise gerecht. Man bezeichnet als Erbgitter die graphische Gegenüberstellung von Leistungen der Töchter eines männlichen Zuchttieres mit denjenigen ihrer Mütter; diese Darstellungsweise gestattet, die Leistung jeder einzelnen Tochter im Vergleich zu der Leistung ihrer Mutter unmittelbar abzulesen. In den nachstehenden Abbildungen 6a und b ist der Fettgehalt der Milch der Töchter je zweier Bullen mit demjenigen der Milch ihrer Mütter im Erbgitter verglichen. Die horizontale Grundlinie enthält eine Skala des Fettgehaltes der Mütter, die Vertikallinie links eine entsprechende Skala des Fettgehaltes ihrer Töchter. Jede Bullentochter wird im Schnittpunkt der Horizontalen, die ihren eigenen Fettgehalt, und der Vertikalen, die den Fettgehalt ihrer Mutter anzeigt, mit einem bestimmten Zeichen eingetragen. So würde beispiels-

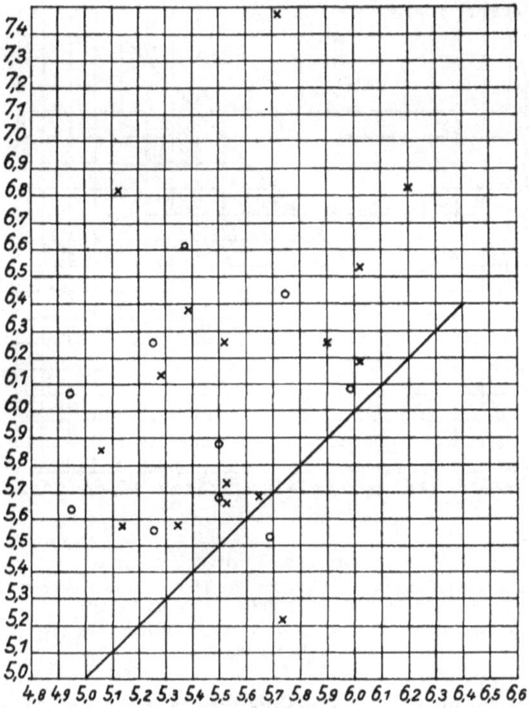

a

Abb. 6a. Erbgitter

Graphische Darstellnng der Fettprozente der Töchter der Jerseybullen Nr. 3 (×) und Nr. 4 (o) im Vergleich zu ihren Müttern. Erläuterungen im Text.

(Nach „Krallinger, H. F., Angewandte Vererbungslehre für Tierzüchter", Stuttgart 1937).

weise in der Abb. 6a eine Tochter des Bullen Nr. 3, welche selbst 6,2% Milchfett besitzt, und deren Mutter 6,0% Milchfett hatte, mit dem Zeichen × auf der Horizontalen 6,2 und vertikal über den Punkt 6,0 der Grundlinie eingetragen. In der

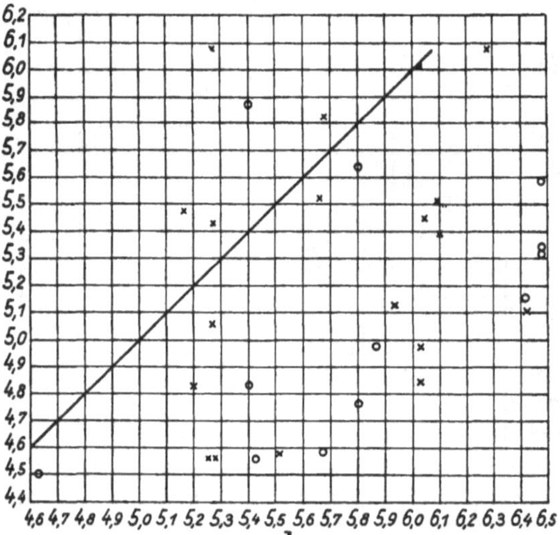

b

Abb. 6b. Erbgitter

Graphische Darstellung der Fettprozente der Töchter der Jerseybullen Nr. 17 (x) und Nr. 22 (o) im Vergleich zu ihren Müttern.

(Nach „Krallinger, H. F., Angewandte Vererbungslehre für Tierzüchter", Stuttgart 1937).

Regel wird ein Erbgitter jeweils für ein männliches Tier angelegt, es kann aber auch für mehrere männliche Tiere gemeinsam angefertigt werden. So sind in den beiden Abbildungen 6a und b die Fettprozente der Milch der Töchter und ihrer Mütter von jeweils zwei verschiedenen Bullen gekennzeichnet, und zwar in Abb. 6a der Töchter und Töchter-Mütter der Jerseybullen Nr. 3 (mit ×) und Nr. 4 (mit ○) und in Abbildung 6b der Töchter und Töchter-Mütter der Jerseybullen Nr. 17 (mit ×) und Nr. 22 (mit ○). Die Diagonale verbindet die Punkte mit gleichen Fettprozenten bei Müttern und Töchtern.

Aus der Lage der Zeichen für die Töchter der Bullen Nr. 3 und 4 (Abb. 6a) läßt sich erkennen, daß die beiden Bullen den Fettgehalt bei ihren Töchtern über den mütterlichen Fettgehalt (mit je einer Ausnahme) steigern konnten. Da die Verteilung der Zeichen x und 0 etwa dieselbe ist, kann man auf eine annähernd gleiche Erbanlage der Bullen für Fettgehalt schließen, die offenbar besser ist, als die entsprechende durchschnittliche Erbanlage der diesen Bullen zugeteilten Kühe mit einem durchschnittlichen Fettgehalt von 5,5%. Dagegen haben die Bullen Nr. 17 und Nr. 22 (Abb. 6b) den Fettgehalt ihrer Nachzucht gesenkt, denn der Töchter-Mütter-Vergleich nach dem Fettgehalt der Milch fällt in der Mehrzahl der Fälle zu Ungunsten der Töchter aus.

Um eine Leistungserhöhung bzw. -senkung durch das männliche Zuchttier richtig bewerten zu können, muß man sie mit der jeweiligen Herdendurchschnittsleistung in Beziehung setzen können. Es liegt auf der Hand, daß z. B. eine Erhöhung des Fettgehaltes durch den Bullen züchterisch dann höher zu bewerten ist, wenn die Durchschnittsleistung des betreffenden Gesamtbestandes schon sehr gut ist, als wenn die gleiche Leistungserhöhung in einem Bestand mit geringer Durchschnittsleistung erfolgt.

Die Bemühungen, Einblick in das Verhalten wichtiger Merkmale und Eigenschaften im Erbgang zu gewinnen, werden zunächst dadurch erschwert, daß — wie schon erwähnt — das Züchtungsexperiment nur verhältnismäßig selten angewendet werden kann. Dazu kommt, daß bei den großen Haustieren die Zahl der Nachkommen gering und die Generationsfolge bei den langen Tragezeiten eine langsame ist. Man ist aus diesen Gründen fast ausschließlich auf statistische Forschungsmethoden angewiesen, d. h. auf die Auswertung von Eintragungen in den Zuchtbüchern, Leistungsbüchern usw. Dieser Weg ist nur gangbar, wenn die Anlage und Führung dieser Bücher den Bedürfnissen der genetischen Forschung und der neuzeitlichen Züchtung Rechnung trägt, was früher selten der Fall war und heute auch noch nicht immer geschieht. Dafür, daß unter günstigen Voraussetzungen die Zuchtbücher usw. für die Vererbungsforschung mit Erfolg nutzbar gemacht werden können, liefert u. a. die auf rein statistischem Wege durchgeführte Untersuchung des Verhaltens der Pferdefarben im Erbgang ein Beispiel. Daß gerade der Vererbungsmodus der Färbung bei verschiedenen Haustierarten und -rassen und auch derjenige mancher morphologischer Einzelmerkmale, wie etwa die Ausbildung bestimmter Körperpartien schon verhältnismäßig gut erforscht ist, während wir bei den wirtschaftlich besonders wichtigen physiologischen Eigenschaften vielfach noch ganz am Anfang stehen, ist verständlich. Bei den letztgenannten handelt es sich nicht nur in der Regel um Eigenschaftskomplexe, die durch mehrere Faktorenpaare bzw. deren Zusammenwirken bedingt sind, sondern auch oft um solche, die phänotypisch stark „umweltlabil" sind. Eine Erbanalyse ist bei solchen Merkmalen naturgemäß erheblich schwieriger als bei denen, die etwa nur durch ein Erbfaktorenpaar bedingt und durch die Umwelt zudem wenig modifizierbar sind; letzteres trifft aber auf morphologische Merkmale offenbar weit öfter zu als auf physiologische.

d) Betrieb der Zucht

Der Erfolg in der Tierzüchtung hängt nicht allein von der richtigen, den Gesetzen der Vererbung Rechnung tragenden Auswahl der zu paarenden Tiere und von der einwandfreien Aufzucht, Haltung und Fütterung ab, er wird auch wesentlich mitbestimmt von der sachgemäßen Durchführung des Zuchtbetriebes selbst. Nur der Züchter, der die Wechselbeziehungen zwischen dem Geschlechtsleben und der gesamten Lebenstätigkeit der Zuchttiere und vor allem die biologischen Vorgänge bei der Paarung, Befruchtung und Entwicklung der Frucht im Mutterleib kennt, wird seinen Zuchtbetrieb erfolgreich gestalten können. Die nicht seltenen Klagen über unbefriedigende Ergebnisse würden sich ohne Zweifel verringern, wenn alle Züchter die zur Durchführung eines geordneten Zuchtbetriebes erforderlichen Kenntnisse besitzen und anwenden würden.

Schon aus wirtschaftlichen Erwägungen sollte jeder Züchter bestrebt sein, seine Tiere züchterisch möglichst gut auszunützen, d. h. eine möglichst große Zahl hochwertiger Nachkommen zu erhalten, die sich zu gesunden und leistungsfähigen Individuen entwickeln. Tiere, die lange Zeit zuchttauglich bleiben und regelmäßig befruchten bzw. tragend werden, sichern nicht nur ihrem Besitzer den Zuchterfolg, sondern bilden auch die Grundlage einer hochstehenden und wirtschaftlichen Landestierzucht.

Die Aufzuchtkosten, besonders für die großen Haustiere, sind verhältnismäßig hoch; je länger ihre Lebens- und Nutzungsdauer und je größer ihre Leistungen sind, desto kleiner ist die relative Vorbelastung durch die Aufzuchtkosten. Gleichzeitig vermindert sich der jährliche Nachzuchtbedarf und der Aufwand für seine Haltung und Fütterung; die dabei gemachten Einsparungen können anderen Tieren des Betriebes zugute kommen.

Die immer wieder festzustellende Tatsache, daß die Züchtungs- und Aufzuchtergebnisse sowohl nach der Regelmäßigkeit und Häufigkeit der Trächtigkeiten und Geburten, als auch nach der Lebensfähigkeit und Güte der Nachzucht gebiets- und z. T. auch jahrgangsweise recht verschieden sind, zeigt schon, daß mancherlei Faktoren hier von Einfluß sein können und dementsprechend beachtet werden müssen. Die Zuchtergebnisse schwanken nach der Gegend, nach dem Jahrgang, nach der Rasse, nach der Haltung, Fütterung, Arbeitsverwendung und sonstigen Nutzungen und nach dem Grad der Sorgfalt, mit der die Paarung, vor allem das Deckgeschäft selbst und die Aufzucht der Jungen vom Mutterleib an vorgenommen wird. Schließlich spielen natürlich, wie bei allen biologischen Vorgängen, Eigenart und Veranlagung des Einzeltieres eine wesentliche Rolle. Den Zeitpunkt, zu dem die Funktionsfähigkeit der Geschlechtsdrüsen einsetzt, bezeichnet man als Geschlechtsreife; nur geschlechtsreife Tiere vermögen befruchtungsfähige Geschlechtszellen zu bilden. Der Eintritt der Geschlechtsreife ist durch das Geschlecht und die Rassezugehörigkeit des Tieres beeinflußt, und zwar derart, daß männliche Tiere in der Regel früher geschlechtsreif werden als weibliche gleicher Art und Rasse, und Tiere frühreifer Rassen durchschnittlich früher als solche spätreifer. Ererbte Veranlagung kann bei den einzelnen Tieren zu Abweichungen von der allgemeinen Norm führen, auch die Haltungsverhältnisse sind nicht ohne Einfluß auf den Eintritt der Geschlechtsreife; sehr reichliche und vor allem sehr eiweißreiche Ernährung kann ihn beschleunigen.

Der Eintritt der Geschlechtsreife fällt bei unseren Haustieren im allgemeinen nicht mit dem Beginn der Zuchtreife zusammen, d. h. mit dem Zeitpunkt, zu dem das Tier seiner ganzen Körperentwicklung nach tatsächlich erstmalig zur Zucht verwendet werden soll; dieser tritt in der Regel erst später ein. Zuchtreif ist ein Tier dann, wenn seine Entwicklung soweit abgeschlossen ist, daß die Zuchtverwendung ohne Schaden für seinen Organismus erfolgen und außerdem eine normale Entwicklung der Nachkommen erwartet werden kann, insbesondere bei weiblichen eine störungslose Ausbildung der Jungen im Mutterleib. Werden Tiere zu früh zur Zucht verwendet, so können je nach den Umständen die Körperentwicklung, die Gesundheit, das Fortpflanzungsvermögen und die sonstigen Zucht- und Nutzeigenschaften mehr oder weniger stark geschädigt und damit der Zucht- und Nutzwert erheblich beeinträchtigt werden, auch ist zu befürchten, daß in solchen Fällen die Nachzucht nicht befriedigt.

So sehr eine zu frühe Zuchtbenutzung, die in der Praxis recht häufig vorkommt, nachteilig ist, so wenig empfiehlt sich andererseits auch ein zu langes Zuwarten bei der ersten Verwendung; es kann zu Störungen in den Geschlechtsfunktionen der männlichen und weiblichen Tiere führen.

In einem gewissen Alter erlischt die Zeugungsfähigkeit, d. h. das Vermögen, befruchtungsfähige Geschlechtszellen zu bilden. Dabei spielt die Zugehörigkeit zu einer frühreifen oder spätreifen Rasse, besonders aber die individuelle Veranlagung des Einzeltieres eine Rolle; Tiere, die spätreifen Rassen angehören, behalten ihre Zuchttauglichkeit im allgemeinen länger als andere. Übermäßige, aber auch zu spärliche Zuchtverwendung kann die Zuchttauglichkeit auf die Dauer beeinträchtigen. Tiere, die sich als gute Vererber erwiesen haben, soll man möglichst lange zur Zucht verwenden, damit ihre Erbanlagen der Landeszucht weitgehend zugute kommen.

Gute männliche Zuchttiere wird man solange benutzen, als sie eine befriedigende Befruchtung aufweisen. Bei weiblichen Tieren gibt in der Praxis nicht allein die Aufnahmefähigkeit den Ausschlag, sondern die Dauer der Zuchtverwendung wird auch noch durch andere Faktoren mitbestimmt. Das Sinken der Milchergiebigkeit, das Nachlassen der Arbeitsleistung, der Rückgang der Wollqualität, die Verschlechterung der Futterverwertung u. a. m. können je nach der Nutzungsrichtung gegen eine zu lange Verwendung alter weiblicher Tiere sprechen, es sei denn, daß es sich um besonders hochwertige Vererberinnen handelt; in diesem Falle wird die Erhaltung bzw. Weiterverbreitung ihrer wertvollen Erbanlagen den Ausschlag geben. Während beim weiblichen Tier der Umfang der Zuchtverwendung nach oben durch die Trächtigkeitsfolgen begrenzt wird, ist er beim männlichen Tier mehr oder weniger dem Belieben des Züchters überlassen. Eine züchterische Überbeanspruchung der männlichen Tiere bringt die Gefahr ihres frühzeitigen Ausfalls als Zuchttiere mit sich, zum mindesten aber diejenige ungenügender Befruchtungsergebnisse; gefährdet sind in dieser Hinsicht natürlich vor allem die jeweiligen „Modetiere“ mit klingendem Namen. Auch für den Umfang der Zuchtverwendung ist eine Reihe von Faktoren maßgebend, deren Beachtung für den Zuchterfolg von entscheidender Bedeutung ist, so Rasse, Aufzucht, Haltung, Ernährung; nicht zuletzt ist aber auch hier die erbliche Veranlagung des einzelnen Tieres entscheidend.

Die Deckzeit ist vor allem aus wirtschaftlichen Gründen bei manchen Tierarten mehr oder weniger gleichmäßig über das ganze Jahr verteilt, bei anderen dagegen auf wenige Monate oder sogar Wochen zusammengedrängt. Die Zahl der einem männlichen Tier während der Deckzeit zur Begattung zuzuführenden weiblichen Tiere muß diesem Umstand Rechnung tragen und schwankt deshalb innerhalb erheblicher Grenzen.

Das Befruchtungsergebnis, d. h. der Hundertsatz der tragenden von den gedeckten weiblichen Tieren, wird durch verschiedene Umstände beeinflußt; daraus erklären sich auch die großen Unterschiede in den Befruchtungsziffern. Trotz vorhandener Brunst und wiederholten Deckens wird ein mehr oder weniger großer Prozentsatz der weiblichen Tiere nicht tragend: diese bedauerliche Erscheinung ist, abgesehen von seuchenhaften oder sonstigen Erkrankungen der Geschlechtsorgane, vielfach auf Haltungsfehler und Fehler im Zuchtbetrieb zurückzuführen. Die eintretende Geschlechtsreife zeigt sich im Auftreten des Geschlechtstriebs, der sich beim männlichen Tier in der Begattungs- oder Decklust, beim weiblichen in den Brunsterscheinungen äußert. Der Grad des Geschlechtstriebs ist zunächst durch die ererbte Veranlagung des Tieres, seine Konstitution und seinen Gesundheitszustand, schließlich auch seine Rassezugehörigkeit bestimmt, im Rahmen dieser Veranlagung aber Einflüssen der Umwelt, vor allem der Haltung, Fütterung und Nutzung unterworfen.

Das geschlechtsreife, gesunde, männliche Tier ist jederzeit begattungsfähig, bei weiblichen Tieren kommt dagegen ein Belegen nur während der Brunst in Frage. Bei der Brunst spielen sich Vorgänge in den Geschlechtsorganen des weiblichen Tieres ab, von denen der Abgang befruchtungsfähiger Geschlechtszellen (Eier) aus dem Eierstock die wichtigste ist; die Brunst ist außerdem in der Regel von charakteristischen Erscheinungen an den äußeren Geschlechtsteilen und im ganzen Verhalten des Tieres begleitet, die dem Züchter vertraut sein müssen. Die Brunsterscheinungen treten periodisch auf und verlieren sich nach einer gewissen Zeit wieder. Die Erkennung und damit die züchterische Ausnützung der Brunst wird dadurch erschwert, daß sie nicht immer regelmäßig auftritt und daß zudem die Erscheinungen im Einzelfall verschieden deutlich wahrzunehmen sind; es bedarf deshalb für einen geordneten Zuchtbetrieb einer sorgfältigen Beobachtung der Tiere und einer Berücksichtigung ihrer individuellen Eigenarten.

Die Begattung erfolgt, abgesehen vom Schafzuchtbetrieb, bei dem der sogenannte Klassensprung die Regel ist, nahezu ausnahmslos durch den sogenannten Sprung aus der Hand (Einzelsprung). Von einem Klassensprung spricht man, wenn ein männliches Zuchttier sich während der Sprungzeit (Deckzeit) frei in einer ihm zugeteilten weiblichen Herde bewegt, während beim Sprung aus der Hand jedes einzelne weibliche

Tier einem bestimmten männlichen Zuchttier zugeteilt wird; in beiden Fällen ist die Abstammung der Nachkommen eindeutig festzustellen.

Die künstliche Besamung von Haustieren hat in neuerer Zeit wie in vielen anderen Ländern, so auch in Deutschland vor allem in der Rinderzucht eine steigende Verbreitung erfahren. Man bezeichnet als künstliche Besamung die Einführung von Samen männlicher Tiere in die Geschlechtsorgane der weiblichen auf künstlichem Wege an Stelle der natürlichen geschlechtlichen Vereinigung. Die Anfänge des Verfahrens gehen weit ins Altertum zurück; in der Zeit vor dem ersten Weltkrieg hat vor allem Ivanow in Rußland an seiner Verbesserung gearbeitet. Die heutigen Besamungsmethoden sind in technischer Hinsicht soweit erprobt, daß ihrer allgemeinen Anwendung keine Bedenken mehr entgegenstehen, vorausgesetzt, daß den züchterischen Erfordernissen entsprechend Rechnung getragen wird. In Deutschland sich zunächst nur zögernd und in der Hauptsache nur in Verbindung mit der Seuchenbekämpfung einbürgernd, hat die künstliche Besamung sich mittlerweile nicht zuletzt infolge der in anderen Ländern gemachten günstigen Erfahrungen mehr und mehr durchgesetzt und einen beachtlichen Umfang angenommen; es bestehen heute schon zahlreiche Besamungsstationen, die mit Erfolg arbeiten. Die Qualität der Nachzucht wird nach den bisherigen Beobachtungen und Erfahrungen durch die künstliche Besamung nicht beeinträchtigt, insbesondere ist eine von mancher Seite befürchtete konstitutionelle Schädigung der Nachkommen bisher nicht nachweisbar. Der große wirtschaftliche Vorteil des Verfahrens besteht darin, daß es eine viel stärkere Verbreitung der Erbanlagen hochwertiger männlicher Tiere und gleichzeitig eine Herabsetzung der erforderlichen Anzahl männlicher Zuchttiere erlaubt.

Die möglichst frühzeitige und zuverlässige Erkennung der erfolgten Befruchtung und damit der eingetretenen Trächtigkeit weiblicher Tiere ist aus wirtschaftlichen Gründen von großer Wichtigkeit. Unkenntnis über das Ergebnis des Belegens macht es dem Züchter unmöglich, die erforderlichen Züchtungs-, Haltungs- und Fütterungsmaßnahmen rechtzeitig zu treffen und sich gegen den Ausfall von Nachzucht zu schützen, bedeutet also stets wirtschaftlichen Schaden. In einem geordneten Zuchtbetrieb wird man deshalb nichts unversucht lassen, um in jedem Einzelfall möglichst frühzeitig und zuverlässig festzustellen, ob nach erfolgtem Belegen eines weiblichen Tieres eine Befruchtung eingetreten ist oder nicht. Die tierärztliche Wissenschaft verfügt heute über brauchbare Methoden zur frühzeitigen Trächtigkeitsbestimmung; der Züchter sollte sich diese in seinem eigenen Interesse weitgehend zunutze machen. Die Trächtigkeitsdauer schwankt bei allen Tierarten innerhalb gewisser Grenzen; sie ist in erster Linie durch die ererbte Veranlagung des einzelnen Tieres bedingt, z. T. auch rassemäßig beeinflußt. Manche Tiere tragen meist überdurchschnittlich lang, andere verhältnismäßig kurz und auch für ganze Familien und Linien ist eine deutlich über oder unter dem allgemeinen Durchschnitt liegende Tragezeit nachgewiesen worden. Durch Haltungsmaßnahmen ist die Tragezeit kaum zu beeinflussen; durch reichliche Ernährung und mittlere Arbeitsleistung wird sie wohl etwas verkürzt.

Die Ausstoßung von noch nicht lebensfähigen Früchten wird als Fehlgeburt oder Verwerfen bezeichnet, die Geburt von lebenden Jungen nach ungewöhnlich kurzer Tragezeit als Frühgeburt. Frühgeburten sind im Zuchtbetrieb ungern gesehen, weil solche Individuen in ihrer Lebenskraft fast immer geschwächt sind und sich, wenn überhaupt, nur bei sorgfältigster Aufzucht und Pflege zu brauchbaren Tieren entwickeln. Fehl- und Frühgeburten können sowohl durch erbliche Veranlagung der Elterntiere als auch durch Haltungsfehler bei den weiblichen Tieren oder durch Krankheiten verursacht sein; in allen Fällen, in denen die Annahme einer erblich bedingten Ursache berechtigt erscheint, wird man die betreffenden Tiere baldmöglichst von der Zuchtverwendung ausschließen.

Erbliche Veranlagung kann auch die Ursache sein für das Auftreten von Zwillings- oder Mehrlingsgeburten bei uniparen Tieren, d. h. solchen, die in der Regel in einer Trächtigkeitsperiode nur ein Junges bringen, und von übermäßig großen Würfen bei Schweinen; beim Schaf sind Zwillings-

bzw. Mehrlingsgeburten bei manchen Rassen häufig. Beim Schwein sind Mehrlingsgeburten normal.

Der weitere Ablauf der Trächtigkeit ist durch Veränderungen im Verhalten und später auch in der äußeren Erscheinung der Tiere gekennzeichnet, die — wenn auch bei den einzelnen Arten und Tieren verschieden deutlich auftretend — dem aufmerksamen Beobachter nicht entgehen können. Die Trächtigkeit stellt an den Organismus des weiblichen Tieres hohe Anforderungen, denen jedoch gesunde und richtig gehaltene Tiere ohne Schaden gewachsen sind.

e) Deutsche Haustierrassen (Pferd, Rind, Schwein, Schaf, Ziege)

Die nachstehende Zusammenstellung gibt einen Überblick über die heute in Deutschland gehaltenen Rassen (Schläge) unserer landwirtschaftlichen Nutztiere. Die nach praktischen Gesichtspunkten erfolgende Einteilung entspricht im wesentlichen der bei den Wanderausstellungen der Deutschen Landwirtschafts-Gesellschaft üblichen.

Pferde:

A. Warmblutpferde
Vollblut — Traber — Ostpreußisches Warmblutpferd — Hannoveraner — Holsteiner — Oldenburger — Ostfriesisches Warmblutpferd — Haflinger

B. Kaltblutpferde
Rheinisch-deutsches Kaltblut — Schleswiger — Noriker

Rinder:

A. Höhenschläge
Höhenfleckvieh — Graubraunes Höhenvieh — Murnau-Werdenfelser — Einfarbig gelbes Höhenvieh — Rotes Höhenvieh — Pinzgauer — Vorder- und Hinterwälder

B. Tieflandschläge
Schwarzbuntes Niederungsvieh — Rotbuntes Niederungsvieh — Angler — Shorthorn

Schweine:

Deutsches weißes Edelschwein — Deutsches veredeltes Landschwein — Hannover-braunschweigisches Landschwein — Schwäbisch-hällisches Schwein — Angler-Sattelschwein — Cornwall-Schwein — Berkshire-Schwein

Schafe:

A. Merinoschafe
Merino — Merino-Fleischschaf

B. Deutsche veredelte Landschafe

C. Fleischschafe
Deutsches schwarzköpfiges Fleischschaf — Deutsches weißköpfiges Fleischschaf

D. Landschafe
Leineschaf — Rhönschaf — Milchschaf — Heidschnucke — Skudde — Hochgebirgsschafe — Karakulschaf

Ziegen:

Weiße deutsche Edelziege — Bunte deutsche Edelziege.

In der deutschen Pferdezucht unterscheidet man zwischen den Warmblut- und den Kaltblutrassen. Als Warmblut bezeichnet man alle Rassen, die neben ihrer Verwendung im landwirtschaftlichen Betrieb in erster Linie als Reit- oder Wagenpferde für den Dienst in schneller Gangart in Frage kommen, während die für die Entfaltung großer Zugkraft bei mäßiger Schnelligkeit besonders geeigneten Rassen Kaltblut genannt werden. Diese Bezeichnungen wollen die bestehenden Unterschiede im Temperament und im Reaktionsvermögen zum Ausdruck bringen und haben mit etwaigen Unterschieden in der Bluttemperatur nichts zu tun. Dem Kaltblut-(Schrittpferd, Zugpferd) sind gegenüber dem Warmblutpferd (Laufpferd) ein ruhigeres Temperament, ein massigerer, weniger trockener Körperbau, ein schwereres Knochengerüst, eine dickere Haut und ein gröberes Haar sowie eine größere Frühreife eigen.

Zu der Gruppe der Warmblutpferde zählt man auch die Vollblutpferde arabischer und englischer Abstammung. Die früher sehr starke Einkreuzung von Vollblut, vor allem englischer Abkunft in die deutschen Warmblutrassen ist zwar erheblich zurückgegangen, doch glaubt man in den deutschen Warmblutzuchten auch heute im Interesse der Erhaltung der Ausdauer und Schnelligkeit auf eine Zufuhr von Vollblut nicht ganz verzichten zu können.

In der Nachkriegszeit hat die Traberzucht in Deutschland einen starken Aufschwung erfahren. Dieser auf hervorragendes Trabvermögen gezüchteten Rasse sind im allgemeinen ein gutartiges Temperament, eine harte Konstitution und ein flotter Gang eigen. Wie weit die Traberzucht durch Einkreuzung von Trabern in die deutschen Warmblutrassen in Zukunft Einfluß auf die Landespferdezucht gewinnen wird, ist heute noch nicht zu übersehen.

Die deutsche Warmblutzucht ist auf der Grundlage des Ostpreußischen, Hannoverschen, Holsteiner, Oldenburger und Ostfriesischen Warmblutpferdes aufgebaut.

In der ostpreußischen Warmblutzucht wurde die Zucht eines Pferdes mit bester Eignung als Wirtschaftspferd betrieben. Während vor dem ersten Weltkrieg die Züchtung in der Hauptsache auf die Erzeugung eines leichten, edlen und temperamentvollen Pferdes eingestellt war, verfolgte man später unter Berücksichtigung der veränderten Anforderungen ein anderes Zuchtziel. Angestrebt wurde ein kurzbeiniges, tiefes und breites, genügend schweres, gleichwohl aber edles, gängiges, arbeitswilliges Pferd von harter Konstitution und ruhigem Temperament. Die mit der Umstellung der Zuchtrichtung erfolgte Verstärkung des ostpreußischen Warmblutpferdes führte zwangsläufig zu einem Rückgang in der Verwendung von Vollbluthengsten. Ostpreußisches Blut ist in vielen deutschen Warmblutzuchten vertreten.

Das Hannoversche Pferd stellt sich dar als ein starkes Warmblutpferd, das für die landwirtschaftliche Arbeit auch auf schwerem Boden geeignet ist und gleichzeitig als starkes Reit- und Wagenpferd verwendet werden kann. Vollblut wird auch heute noch in verhältnismäßig erheblichem Umfang eingekreuzt, jedenfalls stärker als bei den anderen Warmblutrassen. Auf die Erhaltung von Adel, Nerv und flottem, freiem Gang wird stets Wert gelegt. Ein gutartiges, aber energisches Temperament, ein infolge der in der Regel günstigen Aufzuchtbedingungen vorzüglicher Knochenbau, harmonische, kräftige Körperformen und schwungvolle Gänge vererben sich in guten Zuchten sehr sicher. Das Zuchtgebiet erstreckt sich auf einen großen Teil des Landes Niedersachsen. Auf hannoverscher Grundlage wird in weiten Nachzuchtgebieten gezüchtet, so in Pommern, Brandenburg, Mecklenburg und Westfalen.

Das Zuchtziel der Holsteiner Warmblutzucht ist ein edles, kräftiges Reit- und Wagenpferd mit starken Knochen und hohen räumenden Gängen, das sowohl den Bedürfnissen der heimischen Landwirtschaft als auch denen der Wirtschaft gerecht wird; der Holsteiner hat sich besonders als schnelles, zugfestes Wagenpferd einen guten Ruf erworben. In seinen typischen Vertretern zeigt er sich gutartig im Temperament, hart und ausdauernd, von mittlerem Format und sicher in der Vererbung. Arabisches Vollblut hat sich beim Aufbau der Zucht gut bewährt.

Das Oldenburger Pferd, bei hervorragender Ausgeglichenheit nach altbewährtem Zuchtziel ein starkes, elegantes Kutschpferd mit hohen, räumenden Gängen, erfüllt die zeitgemäße Aufgabe ein vielseitiges Bauernpferd zu sein, in bester Weise. Als schwerstes Warmblut steht das Oldenburger Pferd dem mittelschwerenKaltblut an Körpermasse kaum nach und ist für schwere Zugarbeit besonders geeignet. Die Oldenburger Warmblutzucht liefert in großer Zahl kräftige, starkknochige, vollrumpfige, gängige, auch zu Reitzwecken brauchbare Pferde von großer Ausgeglichenheit, gutem Temperament und großer Vererbungstreue. Einkreuzung von Vollblut hat seit langem nur in sehr mäßigem Umfang stattgefunden.

Nach Herkunft und Blutaufbau wie nach Gestalt und Leistungen steht das Ostfriesische Pferd dem Oldenburger sehr nahe; die natürlichen und wirtschaftlichen Verhältnisse seines Zuchtgebietes — der Landschaft Ostfriesland im Lande Niedersachsen — sind denjenigen Oldenburgs sehr ähnlich. Auch die ostfriesische Zucht strebt ein schweres Warmblut im Kutschpferdtyp, mit starkem Fundament, guten, räumenden Gängen und ruhigem Temperament an, das für alle Verwendungszwecke in Landwirtschaft und Gewerbe brauchbar ist. Im Durchschnitt ist der Ostfriese etwas leichter und trockener als der Oldenburger. Die beiden Rassen eigene Anlage zu großer Frühreife bei guter Futterdankbarkeit und hohem Körpergewicht kann sich naturgemäß nur dann voll auswirken, wenn Aufzucht und Haltung entsprechend gestaltet werden können. Über das Heimatzuchtgebiet beider Rassen hinaus wird Warmblutzucht auf oldenburgischer und ostfriesischer Grundlage in ausgedehnten Nachzuchtgebieten betrieben, so vor allem in Schlesien, in Sachsen-Anhalt, dem Lande Sachsen, Thüringen, Hessen, Baden und im bayerischen Rottal.

Eine Sonderstellung nimmt unter den deutschen Pferderassen das Haflinger Pferd ein; wegen seiner vorzüglichen Eignung als Gebirgsreit- und -tragpferd kommt ihm besondere Bedeutung zu.

Die deutsche Kaltblutzucht, von Anfang an auf die Erzüchtung eines schweren Wirtschaftspferdes für alle Zwecke der Landwirtschaft und des Transportgewerbes eingestellt, verfügt über drei Pferderassen: Das Rheinisch-deutsche Kaltblutpferd, das Schleswiger Pferd und den Noriker.

Durch die zunehmende Intensivierung der Landwirtschaft, vor allem durch den gesteigerten Hackfruchtbau und die erhöhten Anforderungen des Transportgewerbes an die Zugkraft der Pferde begünstigt, hat sich die Kaltblutzucht in vielen Gebieten in verhältnismäßig kurzer Zeit zu ihrem heutigen hohen Stand entwickelt. Das gutartig ruhige Temperament der Tiere ermöglicht auch weniger geschulten Arbeitskräften den Umgang mit Kaltblutpferden.

Nach der Größe seines Verbreitungsgebietes steht das Rheinisch-deutsche Kaltblutpferd an erster Stelle. Zuchtziel ist ein kräftiges, gut gebautes, tiefes und breites, leichtfuttriges Pferd mit starken Knochen und freien Bewegungen, das zu schwerer und

Abb. 7. Rassebild eines Rheinisch-deutschen Kaltblutpferdes (Nach „Vogel, Pferdezucht", Verlag Parey, Berlin-Hamburg 1948)

schwerster Arbeit in Landwirtschaft und Gewerbe befähigt ist. Je nach den Standortverhältnissen, insbesondere der Futtergrundlage, sind die Anforderungen, die hinsichtlich Körperschwere und Zugkraft gestellt werden können, verschieden. Wenn auch das Rheinisch-deutsche Kaltblutpferd den Typ des schweren Schrittpferdes verkörpert, so wird ein gewisses Trabvermögen zum mindesten von den leichteren Rassevertretern gleichwohl gefordert. Bei der großen Frühreife und Körperschwere der Rasse ist eine nährstoffreiche Aufzucht unerläßlich. Kaltblutzucht auf rheinisch-deutscher Grundlage wird außer in den „alten" Zuchtgebieten

Rheinland, Sachsen-Anhalt und Westfalen auch in ausgedehnten Nachzuchtgebieten betrieben, so in Schlesien, Thüringen, Südhannover, Hessen, Mecklenburg und Pommern.

Das Schleswiger Pferd hat über sein Heimatzuchtgebiet in Schleswig-Holstein hinaus keine nennenswerte Verbreitung. Dieser mittelschweren Rasse ist neben einem raumgreifenden Schritt ein gutes, ausdauerndes Trabvermögen eigen, Eigenschaften, die sowohl für die Verwendung in der Landwirtschaft als auch im Transportgewerbe wertvoll sind.

Der Noriker ist das typische Bauernpferd der Alpen- und Voralpengebiete Süddeutschlands und hat von dort aus in neuerer Zeit sein Verbreitungsgebiet stark erweitern können. Im Durchschnitt leichter und kleiner, spätreifer und anspruchsloser hinsichtlich der Fütterung als das Rheinisch-deutsche Kaltblut, erweist sich das Norische Pferd als sehr robust, zäh und für die schwere Zugarbeit im bergigen Gelände hervorragend brauchbar. Als vielseitig verwendbares Zugpferd ist es wegen seiner Härte und Zähigkeit überall sehr gern gesehen; auch als Gebirgsreit- und -tragpferde geeignete Tiere finden sich unter den Norikern. Nicht allein die Kaltblutzucht in Bayern baut sich auf dem Noriker auf, auch in den Höhengebieten Württembergs und anderenorts hat die Rasse Eingang gefunden.

Die deutschen Rinderrassen (-schläge) werden in zwei große Gruppen eingeteilt, und zwar in die Gruppe der Höhenrassen (-schläge) und die Gruppe der Tieflandrassen (-schläge). Diese Bezeichnungen bringen zum Ausdruck, daß die erstgenannten Rassen ihren Ausgang und ihre Verbreitung im wesentlichen von den Höhengebieten Süd- und Mitteldeutschlands aus genommen haben, während die Tieflandrassen (= Niederungsrassen) vor allem die norddeutsche Tiefebene bevölkerten und von dort weiter vorgedrungen sind.

Unter den Rassen des Höhenviehs nimmt in der deutschen Rinderzucht das Höhenfleckvieh nach der Größe seines Verbreitungsgebietes und nach seinem zahlenmäßigen Bestand eine dominierende Stellung ein, entfielen doch nach der im Jahre 1936 durchgeführten Erhebung über die Rassenzugehörigkeit der Viehbestände im deutschen Reich 25% des Gesamtrinderbestandes des damaligen Reichsgebietes auf diese Rasse. Das deutsche Fleckvieh ist durch Einkreuzung von Fleckvieh aus der Westschweiz (Kanton Bern, besonders das Simmental) in unsere einheimischen Rindviehbestände erzüchtet worden. Anlaß zur Verwendung des Schweizer Fleckviehs war zunächst der Wunsch und die Notwendigkeit, Tiere von größerer Frühreife und höherem Gewicht zu erzüchten, um die steigende Nachfrage nach Fleisch und nach Arbeitstieren für schweren Zug befriedigen zu können (Zugochsen). Es ist gelungen, in dem deutschen Fleckvieh eine weitverbreitete, heute durchaus bodenständige Rasse zu schaffen, die sich durch die Vielseitigkeit ihrer Leistungen und ein sehr großes Anpassungsvermögen an unterschiedliche Umweltverhältnisse auszeichnet. Das Fleckvieh wird in ausgedehnten Gebieten von Süd- und Mitteldeutschland gehalten. Die angestrebte Vielseitigkeit der Leistungen kommt im Zuchtziel zum Ausdruck, das für diese Rasse folgendermaßen lautet: mittelgroße, mittelschwere, feste, frühreife, leichtfuttrige, an den Boden und die eigene Futtergrundlage angepaßte und anpassungsfähige Tiere. Tiefe, breite, gut geschlossene, stark bemuskelte Körper auf kräftigen, einwandfrei gestellten, mit guten Gelenken und harten Klauen versehenen Gliedmaßen. Geräumiges, regelrecht geformtes Euter, räumender Gang und hohe Fettleistung, gute Mastfähigkeit und Arbeitstüchtigkeit. Erstrebt wird eine Jahresmilchleistung von mindestens dem Fünffachen des Körpergewichts und ein Fettgehalt von mindestens 3,8%.

Es ist verständlich, daß man bei einer Rasse, deren weites Verbreitungsgebiet große natürliche und wirtschaftliche Verschiedenheiten aufweist, wie dies gerade beim Fleckvieh der Fall ist, keine so weitgehende Einheitlichkeit und Ausgeglichenheit im Äußeren und in den Leistungen erwarten und verlangen kann wie unter einheitlicheren Verhältnissen. Die züchterischen Bemühungen müssen sich besonders auf eine Verbesserung der Erbanlagen für die Milchleistung konzentrieren, die noch nicht in allen Beständen befriedigt.

Auch das Graubraune Höhenvieh, im züchterischen Sprachgebrauch auch Allgäuer Vieh genannt, ist in Deutschland auf dem Wege der Verdrängungskreuzung entstanden, und zwar wurde zur Verbesserung des einheimischen Landviehs wiederum eine schweizer Rinderrasse verwendet, diesmal aus der östlichen Schweiz, besonders aus der Gegend um den Vierwaldstädtersee und dem Kanton Schwyz stammend. In dem deutschen Verbreitungsgebiet dieser Rasse, welches vor allem das Allgäu und nördlich davon liegende Gebiete umfaßt, sind die natürlichen und wirtschaftlichen Voraussetzungen für die Milchviehhaltung im allgemeinen recht günstig und die blühende Milchwirtschaft besonders des Allgäus selbst hat schon immer die Milchleistung in der Zucht in den Vordergrund treten lassen, wie dies auch im Zuchtziel zum Ausdruck kommt, welches folgendermaßen lautet: mittelschwere, tiefgestellte, kräftige Tiere, tiefe und breite, gut geschlossene Körper mit guter Bemuskelung auf kräftigen Gliedmaßen. Großes, regelrecht geformtes und festangeschlossenes Euter, räumender Gang, hohe Milch- und Fettleistung (angestrebt werden eine Milchleistung in der Höhe des

Sechsfachen des Körpergewichts bzw. 100 kg Milchfett), gute Mastfähigkeit und Arbeitstüchtigkeit.

Ebenso wie das Graubraune Höhenvieh, dem auch der Schlag des Murnau-Werdenfelser Rindes zuzurechnen ist, tritt das Einfarbig gelbe Höhenvieh zahlen- und gebietsmäßig gegenüber dem Fleckvieh erheblich zurück. Dazu kommt, daß die Bestände ersterer Rasse sich auf mehrere, räumlich getrennte Verbreitungsgebiete verteilen, von denen nur diejenigen des gelben Frankenviehs und des Glan-Donnersberger Rindes eine größere Ausdehnung besitzen. Das gelbe Höhenvieh ist dem Vordringen des Fleckviehs teilweise zum Opfer gefallen; die Gebiete, in denen es sich behaupten konnte, sind solche mit überwiegend kleinbäuerlichem, stark zersplittertem Besitz, in denen die Arbeitsverwendung der Kühe eine große Rolle spielt. Die Futtergrundlage bildet bei dem weitgehenden Fehlen von Wiesen und Weiden der Feldfutterbau, vor allem die Luzerne. Trotz der für die Rinderzucht und -haltung nicht günstigen Bedingungen zeigt das gelbe Höhenvieh wertvolle Eigenschaften, die es für sein Verbreitungsgebiet nahezu unentbehrlich machen, so Genügsamkeit und Futterdankbarkeit, Unempfindlichkeit gegen Schäden der Stallhaltung, beste Arbeitsfähigkeit und Gängigkeit, gute Mastfähigkeit und Fleischqualität. Wie bei fast allen Höhenschlägen, läßt die Milchmenge bei gutem Fettgehalt der Milch mitunter zu wünschen übrig. Das Zuchtziel des gelben Höhenviehs lautet: ein einfarbig gelbes Rind, mittelgroß und mittelschwer, kräftig und beweglich. Tiefe und breite, gutgeschlossene, vollbemuskelte Körper auf kräftigen Gliedmaßen. Geräumiges, regelrecht geformtes Euter, flotter, räumender Gang. Vorzüglich geeignet zur Arbeitsleistung, gut in der Milch- und Mastleistung auf der Grundlage wirtschaftseigenen Futters. Wenig empfindlich gegen die Schäden dauernder Stallhaltung, sowie besonders geeignet für die vorwiegend Ackerbau treibenden Gebiete des bäuerlichen Klein- und Mittelbesitzes.

Auch das Rote Höhenvieh ist durch die „Fleckviehwelle" zahlen- und gebietsmäßig stark beschnitten worden; es hat sich nur in einzelnen Inseln behaupten können, die — überwiegend Mittelgebirgsgebiete wie etwa der Vogelsberg und der Harz — nur recht bescheidene Umweltverhältnisse bieten. Daß das rote Höhenvieh unter solchen ungünstigen Haltungsverhältnissen in seinen guten Exemplaren gute Leistungen, vor allem eine erstaunliche Arbeitstüchtigkeit zeigt, spricht für seine harte Konstitution und seine Genügsamkeit.

Das in der Südostecke Bayerns beheimatete Pinzgauer Rind stellt ebenso wie das Vorderwälder- und Hinterwälder Rind im badischen Schwarzwald eine Rasse von lokaler Bedeutung dar; diese Rassen haben sich als geeignet für die besonderen natürlichen und wirtschaftlichen Verhältnisse ihres relativ kleinen Verbreitungsgebietes erwiesen.

Abb. 8. Rassebild eines Schwarzbunten Tieflandrindes

Nicht nur unter den Tieflandschlägen, sondern unter den deutschen Rinderschlägen überhaupt steht das Schwarzbunte Tieflandrind zahlenmäßig und nach der Größe seines Verbreitungsgebietes an der Spitze. Bei der Rassenerhebung des Jahres 1936 wurden nahezu 50% des gesamten Rinderbestandes des damaligen Reichsgebietes den Schwarzbunten zugezählt. Das schwarzbunte Tieflandrind dominiert im ganzen nördlichen Teil des alten Reichsgebietes bis in die mitteldeutschen Gebirgsgegenden hinein, mit Ausnahme kleiner Bezirke in Schlesien, Mecklenburg, Pommern und größerer Teile von Schleswig-Holstein, Oldenburg, Westfalen und des Rheinlands, in denen neben den Schwarzbunten andere Schläge eine mehr oder weniger große Rolle spielen. Als Idealform erstrebt man beim schwarzbunten Tieflandrind einen Milch- und Masttyp, der mit hoher Lebensleistung in Milch und besonders in Milchfett eine befriedigende Mastleistung verbindet. Das in der Zucht der Schwarzbunten angestrebte Zuchtziel lautet: gesunde, tiefe, knochige und feste Figuren, deren Schwere den gegebenen natürlichen Verhältnissen angepaßt ist. Breite Körper mit tonnigen Rippen, mächtigen Flanken und guter Bemuskelung. Geräumiges, festangeschlossenes und regelrecht geformtes Euter. Große Milch- und Fettleistung auf wirtschaftseigener Futtergrundlage in Verbindung mit Leichtfuttrigkeit.

Das Rotbunte Tieflandrind, das in Schleswig-Holstein, Westfalen, dem Rheinland, Oldenburg und Ostfriesland neben dem schwarzbunten Vieh gehalten wird, zahlenmäßig allerdings letzterem gegenüber stark zurücktritt, stimmt in Form und Leistung mit diesem heute weitgehend überein, während es früher mehr den Fleischtyp verkörperte als das schwarzbunte Rind. Das Zucht- und Verbreitungsgebiet des Angler-Rindes ist der kleine Bezirk der Halbinsel Angeln an der Ostküste von Schleswig; es handelt sich bei diesem Schlag um ein mittelgroßes, einfarbig rotes Rind von edlen Formen, das von allen deutschen Rinderschlägen am einseitigsten auf hohe Milchleistung gezüchtet ist und im Verhältnis zu seinem Körpergewicht eine sehr hohe Milch- und Fettleistung aufweist. Schließlich sind zu den Tieflandrindern auch die Shorthorns zu zählen. Ihr Zucht- und Verbreitungsgebiet beschränkt sich auf die Eiderstädter Gegend in Schleswig. Das Zuchtziel verfolgt Frühreife und hohe Mastfähigkeit mit ausreichender Leistung von fettreicher Milch bei wirtschaftseigenem Futter. Die in den vergangenen Jahrzehnten bei den deutschen Tieflandschlägen mit Ausnahme der Angler vorgenommenen Shorthorneinkreuzungen haben die Körperformen und das Gewicht dieser Schläge günstig beeinflußt. Heute kommt der deutschen Shorthornzucht nur noch lokale Bedeutung zu.

In der deutschen Schweinezucht haben zwei Rassen eine überragende Bedeutung erlangt, und zwar das veredelte Landschwein und das weiße Edelschwein. Der Rasse des veredelten Landchweines gehörten nach der Rassenerhebung von 1936 im damaligen Reichsgebiet 72 % des gesamten Schweinebestandes an, während 20 % auf das deutsche Edelschwein entfielen: geschlossene Zuchtgebiete des letzteren bestehen in Mittel- und Ostdeutschland, Oldenburg und Ostfriesland. Die sonst noch in Deutschland gehaltenen Schweinerassen treten an Bedeutung den schon genannten gegenüber stark zurück; sie dienen entweder besonderen Nutzungszwecken oder verfügen nur über kleine Verbreitungsgebiete. Das weiße Edelschwein und das veredelte Landschwein haben infolge der zunehmenden Vereinheitlichung der Marktanforderungen im

Laufe der Zeit eine starke Angleichung ihrer Zuchtziele erfahren; die durchschnittlichen Unterschiede in Exterieur und Leistung sind zwischen den beiden Rassen nicht mehr so groß wie in den früheren Jahrzehnten. Während ursprünglich das weiße Edelschwein auf

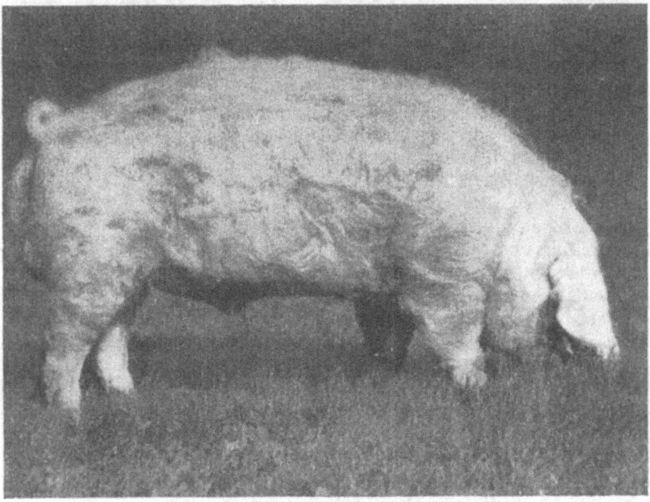

Abb .9 .Rassebild eines veredelten Landschweines

große Frühreife und schnelle Wüchsigkeit bei guter Verwertung hochwertiger Futtermittel und relativ baldigen Mastabschluß gezüchtet war und das veredelte Landschwein mehr den spätreifen, sich langsamer mästenden und mehr auf wirtschaftseigenes Futter eingestellten Typ repräsentierte, wird heute von beiden Rassen eine angemessene Frühreife und Wüchsigkeit, gute Verwertung auch weniger gehaltreichen wirtschaftseigenen Futters und gute Mastleistung gefordert; Unterschiede im Durchschnitt beider Rassen betreffen in erster Linie noch gewisse Einzelheiten im Exterieur, wie Kopf- und Ohrenform, den Verlauf der Rückenlinie usw. Das angestrebte Zuchtziel wird, soweit es durch die äußere Erscheinung zu erfassen ist, durch nachstehende Rassenbeschreibung erkennbar:

Zuchtziel des *deutschen veredelten Landschweines* ist ein frühreifes, frohwüchsiges Schwein von mittelgroßer bis großer, langer, breiter und tiefer Körperform mit nur mäßig eingesattelter Gesichtslinie, kräftigen, mittelgroßen Schlappohren und einem gut bemuskelten langen Rücken mit kräftiger Spannung. Für das *deutsche weiße Edelschwein* erstrebt das Zuchtziel ein frühreifes, frohwüchsiges Schwein, mittelgroß bis groß, genügend lang, breit und tief mit leichter Einsattelung der Gesichtslinie mit ziemlich großen, aufrechtstehenden oder schwach nach vorn geneigten Ohren und festem, genügend gespanntem Rücken. Die im Gegensatz zu den beiden genannten weißen Rassen schwarzgefärbten *Berkshire- und Cornwallschweine* nehmen in der deutschen Schweinezucht insofern eine besondere Stellung ein, als sie keine geschlossenen Zucht- und Verbreitungsgebiete besitzen, sondern in einigen Teilen Deutschlands in Einzelzuchten gehalten werden. Beide Rassen finden in beträchtlichem Umfang Verwendung zur Herstellung von Gebrauchskreuzungen, und zwar werden vor allem Eber der schwarzen Rassen mit weißen Edelschweinsauen oder veredelten Landschweinsauen gekreuzt. Das Berkshireschwein verkörpert in Form und Leistung den Typ eines besonders frühreifen Edelschweines, während das Cornwallschwein als ein frühreifes veredeltes Landschwein zu bezeichnen ist.

Von den sonst noch zu nennenden deutschen Schweinerassen verfügt das schwarzweißgezeichnete, sogenannte *Hannover-braunschweigische Landschwein* über ein kleines Zuchtgebiet in der Gegend von Hildesheim, Goslar und Braunschweig. Es steht nach seiner äußeren Erscheinung dem Wildschwein nahe; es ist ausgesprochen spätreif, von harter Konstitution und großer Marschfähigkeit und befähigt auch nährstoffarmes Futter und Waldweide gut auszunützen. Vielfach wird es mit Ebern frühreifer Rassen zur Herstellung von Gebrauchskreuzungen gepaart. Gute Fruchtbarkeit, große Widerstandsfähigkeit gegen ungünstige Haltungsverhältnisse und gute Mastfähigkeit haben es dem ebenfalls schwarzweißgezeichneten *Schwäbisch-hällischem Schwein* ermöglicht, sich in einem geschlossenen Zuchtgebiet in Nordost-Württemberg gegen das Vordringen der weißen Schweine zu behaupten. In ähnlicher Weise wie das Schwäbisch-hällische Schwein konnte sich auch das schwarz-weißgesattelte *Angler-Sattelschwein* in der Landschaft Angeln ein kleines Zuchtgebiet erhalten; es ist den veredelten Landschweinen zuzuzählen.

Von den in der *deutschen Schafhaltung* vertretenen Rassengruppen der Merinoschafe, veredelten Landschafe, Fleischschafe und Landschafe sind die erstgenannten durch den Besitz einer besonders hochwertigen Wolle gekennzeichnet; die Züchtung reiner Merino schafe mit feinster Wolle ist, veranlaßt durch die veränderten Absatzverhältnisse für die Wolle, fast völlig durch die Zucht des Merino-Fleischschafes verdrängt worden. Nach der Rassen-

Abb. 10. Rassebild eines Merinofleischschafes (Nach „Handbuch der Schafzucht und Schafhaltung", Verlag Parey, Berlin 1939)

erhebung des Jahres 1936 entfielen in dem damaligen Reichsgebiet rund 50% des Gesamtschafbestandes auf diese Rasse; Merinofleischschafe werden vor allem in Mittel- und Ostdeutschland gehalten. Das Zuchtziel strebt ein bodenständiges, widerstandsfähiges Schaf mit guter Fruchtbarkeit an, das bei guter Fleischleistung eine ausgeglichene edle Merinowolle von ausreichender Feinheit liefert; Gewicht und Fleischleistung sind wesentlich höher als bei den reinen Merinos.

In Süddeutschland wird die Schafhaltung durch das deutsche veredelte Landschaf beherrscht, das nach der Zählung von 1936 am Gesamtschafbestand des damaligen Reichsgebietes mit rund 20% beteiligt war. Es wird besonderer Wert auf Robustheit, Pferchfähigkeit und Marschfähigkeit gelegt, Eigenschaften, die Voraussetzung für die vielverbreitete Wanderschäferei sind. Die Wolle ist von guter Feinheit und hoher Qualität.

Abb. 11. Rassebild einer weißen Edelziege

Die Fleischschafe sind in der deutschen Schafhaltung vertreten durch die vor allem in Westdeutschland gehaltenen *schwarzköpfigen Fleischschafe* und die in erster Linie in Schleswig-Holstein verbreiteten *weißköpfigen Fleischschafe*. Es ist der Züchtung gelungen, die aus Kreuzungen mit englischen Fleischschafen hervorgegangenen Bestände unter weitgehender Beibehaltung der guten Fleischleistung dieser Rassen und einer mittleren Wollfeinheit den Klima- und Futterverhältnissen ihrer Verbreitungsgebiete in bester Weise anzupassen.

Unter den Landschafen nehmen die Milchschafe eine Sonderstellung ein; sie werden nicht nur auf Fleisch und Wolle, sondern außerdem auf Milchleistung gezüchtet. Die günstigen Haltungsverhältnisse ihres hauptsächlichsten Verbreitungsgebietes — Ostfriesland und Oldenburg — ermöglichen z. T. sehr hohe Milcherträge, die durchschnittlich zwischen 400 und 600 kg Jahresleistung liegend, in Einzelfällen 1000 kg überschreiten. Karakulschafe werden zur Gewinnung von Lammfellen, die den wertvollen Persianerpelz liefern, in einigen Herden gehalten. Das Karakulschaf gehört zu der Gruppe der Breit- und Fettschwanzschafe, die in Vorderasien beheimatet sind. Im übrigen ist in der Gruppe der Landschafe eine Anzahl von Rassen von lokaler Bedeutung vereinigt, die bei großer Anspruchslosigkeit und hoher Widerstandsfähigkeit gegen ungünstige Umwelteinflüsse befriedigende Leistungen erbringen. Bei den meist recht dürftigen Haltungs- und Futterverhältnissen ihres Verbreitungsgebietes sind sie durch andere, anspruchsvollere Rassen kaum zu ersetzen.

Für die beiden deutschen Ziegenrassen, die weiße deutsche Edelziege und die bunte deutsche Edelziege gilt als Zuchtziel die Erzüchtung einer gesunden, widerstandsfähigen, milchergiebigen, futterdankbaren, wüchsigen, hornlosen und kurzhaarigen Ziege mit breitem, tiefem Körper, starkknochigen, normal gestellten Gliedmaßen und großem, regelmäßig geformtem, breitem, festangesetztem Euter.

V. Haltung und Fütterung

Den Haustieren das Dasein möglichst erträglich zu gestalten, ist, nicht nur eine sittliche Pflicht, sondern auch ein Gebot der Klugheit denn sie werden gute Behandlung, Pflege und Fütterung durch bessere Leistungen lohnen. Untugenden und Charakterfehler beruhen meistens auf falscher Behandlung oder Haltungsfehlern; soweit man sie als ererbt ansehen muß, sollte man solche Tiere von der Zucht möglichst bald ausschließen.

Nach der Art der Haltung kann man grundsätzlich unterscheiden zwischen Stallhaltung und Weidehaltung, dabei sind die verschiedensten Zwischen- und Übergangsformen möglich.

Unter den in Deutschland bestehenden natürlichen und wirtschaftlichen Verhältnissen müssen die Tiere in der Regel einen großen Teil ihres Daseins, manchmal sogar das ganze Leben, im Stall verbringen. Die Stallhaltung ist in unserem Klima ein mit der Haustierhaltung verbundenes, notwendiges und kostspieliges Übel; sie muß so eingerichtet werden, daß sie den natürlichen Be dürfnissen der Tiere entgegenkommt, die Zucht- und Nutzleistungen möglichst nicht beeinträchtigt und den Gesundheitszustand nicht schädigt.

Aufgabe der Stallungen ist es, die Tiere vor den Unbilden der Witterung zu schützen und ihnen einen angemessenen Aufenthaltsraum in der Ruhezeit sowie in Krankheitsfällen zu gewähren; den besonderen Bedürfnissen des Zuchtbetriebes und bei der Aufzucht der Jungen muß in der Stallhaltung Rechnung getragen werden, ein Gleiches gilt für die Stallmast.

Schlechte Stallungen machen hohe Leistungen der Tiere unmöglich und gefährden ihren Gesundheitszustand. In sehr vielen Fällen und besonders in den kleinbäuerlichen Betrieben genügen die Ställe bei weitem nicht den zu stellenden Anforderungen; man findet vielmehr noch recht oft Ställe, die so gebaut sind, daß sich die Tiere weder in ihnen wohlfühlen, noch die Stallarbeiten in zweckmäßiger Weise vorgenommen werden können.

Je nach der Tierart, der Tierzahl, dem Geschlecht und dem Alter sowie der Nutzungsart der unterzubringenden Tiere wird man im einzelnen unterschiedliche Anforderungen an den Stall und seine Einrichtung stellen müssen und überdies bringt es die große Verschiedenheit der landwirtschaftlichen Betriebe nach Art und Größe des Tierbestandes und der ganzen Wirtschaftsverhältnisse mit sich, daß Stallbau und -einrichtung im einzelnen stark voneinander abweichen.

Die naturgemäßeste Haltungsform für die landwirtschaftlichen Nutztiere ist die Weidehaltung, sie kommt der Lebensweise der wildlebenden Tiere am nächsten. Es verbieten aber vielfach einerseits die klimatischen Verhältnisse, andererseits die Art der Nutzung (Arbeitsverwendung, Mast usw.), u. U. auch die Notwendigkeit der Düngergewinnung bei unseren landwirtschaftlichen Nutztieren den ausschließlichen Weidegang auch während der wärmeren Jahreszeit, ganz abgesehen davon, daß in den meisten Fällen die dazu notwendigen ausgedehnten Weideflächen gar nicht zu beschaffen wären. Die Weidehaltung ist nicht nur von hervorragend günstiger Wirkung auf die Körperentwicklung, den Gesundheitszustand und das Wohlbefinden der Tiere, sondern ermöglicht auch eine angemessene und arbeitssparende Fütterung; man wird deshalb bestrebt sein, den Weidegang oder zum mindesten den Aufenthalt und die Bewegung auf Tummelplätzen und Ausläufen möglichst auszudehnen, und zwar vor allem bei jugendlichen Tieren. Erfreulicherweise hat die sogenannte Grünlandbewegung, d. h. die Einbeziehung der Weidewirtschaft in die Haltung und Ernährung der landwirtschaftlichen Nutztiere im Laufe der letzten Jahrzehnte erhebliche Fortschritte gemacht und in vielen Betrieben den notwendigen Ausgleich für die lange Stallhaltungszeit in oft schlechten Stallungen gebracht. Der Erfolg des Weidebetriebes ist vor allem abhängig von den Klima- und Bodenverhältnissen; diese machen die Weidewirtschaft mitunter unmöglich oder doch in trockenen Jahren sehr unsicher im Ertrag.

Mangelnde Sauberkeit und ungenügende Tierpflege sind nicht nur eine Quelle vieler Erkrankungen, besonders von Seuchen verschiedener Art, sondern sie beeinträchtigen auch ganz allgemein das Wohlbefinden und den regelmäßigen Ablauf der Lebensverrichtungen.

Dem Füttern und Tränken wird vielfach nicht die Aufmerksamkeit geschenkt, die notwendig ist, um eine volle Futterwirkung zu erzielen. Wohlbefinden und Leistungsfähigkeit werden nicht nur davon beeinflußt, daß die erforderlichen Nährstoffmengen mit dem Futter verabreicht und die Tiere regelmäßig gesättigt werden, sondern auch von der Technik der Fütterung.

Bei Stallhaltung hängt das Wohlbefinden der Tiere und die Stallhygiene auch recht wesentlich von Art und Menge der Einstreu ab. Die Streu soll den Tieren ein ebenes, bequemes, trockenes und warmes Lager bieten, die Ausscheidungen, vor allem den Harn weitgehend aufsaugen, die im Stall entstehenden Gase, besonders das übelriechende, den Tieren nachteilige Ammoniak gut binden und einen möglichst hochwertigen Dünger liefern; Wintergetreidestroh erfüllt diese Bedingungen im allgemeinen am besten; doch gibt es für dieses verschiedene, mehr oder weniger brauchbare Ersatzmittel.

Trotz aller Aufklärungsarbeit der mit der Förderung der Tierhaltung betrauten Organe und Dienststellen entsprechen Geschirr und Beschlag bei Pferd und Arbeitsrind durchaus noch nicht überall den Anforderungen, die man vom Standpunkt des Tierschutzes, der Verkehrssicherheit und einer rationellen Ausnützung der tierischen Arbeitskraft stellen muß.

Beim Pferd, und soweit man die Arbeitsleistung des Rindes ausnützt, ergibt sich schon aus wirtschaftlichen Gründen die Notwendigkeit, auch die weiblichen Zuchttiere zur Arbeit zu verwenden, denn der landwirtschaftliche Betrieb wird sich nur in Ausnahmefällen den Luxus erlauben können, sie für längere Zeit davon zu befreien. Bei richtiger Nutzungs- und Haltungsweise können die weiblichen Tiere sehr wohl ihre Aufgabe als Arbeitstiere in bester Weise erfüllen, ohne daß ihre Zuchttauglichkeit dadurch beeinträchtigt wird, vielmehr ist eine angemessene Arbeitsleistung für diese nur von Vorteil; die Zuchtstute und unter gewissen Voraussetzungen auch die Kuh kann und soll das Arbeitstier des bäuerlichen Betriebes sein.

Die Art der Haltung, Ernährung und Nutzung der weiblichen Zuchttiere ist von wesentlichem Einfluß auf den Verlauf der Trächtigkeit und die Entwicklung des Jungen im Mutterleib. Weibliche Arbeitstiere brauchen in der ersten Zeit der Trächtigkeit keine besondere Schonung; im weiteren Trächtigkeitsverlauf dagegen muß man der durch die zunehmende Tragezeit steigenden Beanspruchung des mütterlichen Organismus in der Haltung und in der Art und dem Umfang der verlangten Arbeitsleistung Rechnung tragen, vor allem alles vermeiden, was zu Fehl- oder Frühgeburten Anlaß geben kann.

Die Milchleistung ist zwar nach Dauer und Höhe in erster Linie von der erblichen Veranlagung abhängig, die Erbanlagen können sich aber nur bei entsprechender Haltung und Ernährung entfalten. Eine übermäßige Arbeitsleistung bei Pferd und Rind läßt zumal bei karger Fütterung das Euter bald versiegen. Eine nach Menge, Beschaffenheit und Zusammensetzung des Futters richtige Ernährung während der Säugezeit ist eine wesentliche Voraussetzung für eine gedeihliche Entwicklung der Nachzucht.

Die Aufzucht der jungen Tiere muß so gestaltet werden, daß ihre ererbten Anlagen in bestmöglicher Weise zur Entfaltung kommen und die Tiere auf ihre spätere Aufgabe als Zucht- und Nutztiere vorbereitet werden. Dazu bedarf es nicht nur einer geeigneten Fütterung, sondern auch einer sachgemäßen Haltung. Haltungsfehler in der Wachstumszeit beeinträchtigen den normalen Ablauf der Entwicklung und die spätere Leistungsfähigkeit in entscheidender Weise; sie lassen sich später — wenn überhaupt — nur durch unwirtschaftlich hohe Mehraufwendungen an Futter und Pflegearbeit ausgleichen. In der Regel bleiben schlecht aufgezogene junge Tiere in ihren Leistungen hinter anderen zurück.

Heranwachsende Tiere brauchen besonders viel Licht und Sonne, Luft und Bewegung. Der Weidegang erfüllt diese Ansprüche in idealer Weise. Ausgiebige Bewegung fördert die Ausbildung und Weitung der inneren Organe, den Stoffwechsel, die Festigkeit der Knochen, Sehnen, Bänder und Muskeln und bereitet das wachsende Tier in bester Weise auf seine künftige Verwendung als Zucht- und Nutztier vor. Die Forderung nach Licht, Luft und Bewegungsmöglichkeit muß bei der Haltung der jungen Tiere von der Geburt an, und zwar auch während des Stallaufenthalts erfüllt werden. Sehr geeignet sind Laufställe, die den Tieren genügend Bewegungsfreiheit geben. Gegen trockene Kälte im Stall sind junge Tiere wenig empfindlich, dagegen schaden ihnen Feuchtigkeit und Nässe, Zugluft und schlechte Ventilation. Wie bei allen Tieren sollte gerade bei jungen, heranwachsenden jede Änderung in der Fütterung allmählich und schrittweise vorgenommen werden; dies gilt ganz besonders hinsichtlich der Entwöhnung von der Muttermilch, des sogenannten Absetzens. Die Länge der Säugezeit muß sich nach der Entwicklung des jungen Tieres und der Leistungsfähigkeit der Mutter richten; in der Praxis erfolgt das Absetzen häufig viel zu früh. In der Kälberaufzucht ist in fortschrittlichen Betrieben an Stelle des Saugenlassens mehr und mehr das Auftränken getreten; bei diesem Verfahren werden die Kälber nach der Geburt von der Mutter entfernt und aus dem Eimer getränkt. Das Auftränken hat gegenüber dem Saugenlassen den Vorteil, daß eine genaue Kontrolle der jeweiligen Milchgaben möglich ist und eine Überfütterung oder zu geringe Milchgaben vermieden werden können; die Fütterung läßt sich somit dem tatsächlichen Bedarf anpassen. Das Auftränken erfordert allerdings pünktliches Einhalten der Futterzeiten und Vorwärmen der Milch und kommt schon aus diesem Grunde nur für sorgfältig arbeitende Wirtschaften in Frage.

Auch nach dem Absetzen bzw. nach Beendigung der Vollmilchfütterung bedarf das junge Tier besonderer Fürsorge und Überwachung, denn das verhältnismäßig starke Wachstum gerade in den ersten Wochen bzw. Monaten nach der Geburt stellt an den jugendlichen Organismus starke Ansprüche, denen er nur bei einer ausreichenden und dem noch nicht voll entwickelten Verdauungsapparat angepaßten Fütterung und bei guter Haltung gerecht werden kann. Ist dieser Lebensabschnitt ohne nennenswerte Störungen vorübergegangen, dann ist der schwierigste und kostspieligste Teil der Aufzucht überwunden.

Mit zunehmendem Alter werden die heranwachsenden Tiere anspruchsloser in der Fütterung und auch in der Haltung braucht man nicht mehr so ängstlich zu sein; ältere Jungtiere vertragen viel mehr Kälte, Regen und Unwetter als man im allgemeinen annimmt. Rauhe Aufzucht und Abhärtung sind von günstigem Einfluß auf die spätere Nutzung der Tiere zur Zucht und Arbeit; vor Übertreibungen muß man sich dabei natürlich hüten.

Gute männliche Tiere lohnen bei ihrem meist hohen Wert erhöhte Aufwendungen für Haltung und Fütterung. Man wird diesem Umstand Rechnung tragen, ohne deshalb die männlichen Zuchttiere zu verweichlichen oder zu überfüttern. Züchtung, Aufzucht und Haltung der männlichen Zuchttiere erfordern ein besonderes Maß von Erfahrungen und züchterischem Können, ganz besonders in der Pferdezucht.

Selbstverständlich haben auch Tiere, die nicht zur Zucht verwendet werden, also reine Nutztiere, Anspruch auf gute Haltung und Pflege; auch sie lohnen diese Aufwendungen durch erhöhte Leistungen und längere Lebensdauer.

Krankheiten aller Art, besonders seuchenhafte, können den wirtschaftlichen Erfolg in der Zucht und Haltung der landwirtschaftlichen Nutztiere empfindlich beeinträchtigen, ja zu ihrem Ruin führen. Das Auftreten und die Weiterverbreitung von Krankheiten, vor allem von Seuchen, auf ein Mindestmaß zu beschränken, liegt nicht nur im privaten Interesse des einzelnen Tierhalters, sondern muß auch aus volkswirtschaftlichen Erwägungen dringend gefordert werden.

Art und Umfang der Tierhaltung werden in den landwirtschaftlichen Betrieben vor allem durch die vorhandene bzw. zu beschaffende Futtergrundlage bestimmt. Die Tierhaltung kann sich in den Gesamtbetrieb nur dann organisch eingliedern, wenn die Fütterung in der Hauptsache auf wirtschaftseigenen, d. h. im eigenen Betrieb erzeugten Futtermitteln aufgebaut ist; der Futteraufwand muß stets in einem angemessenen Verhältnis zum Umfang und zu den Leistungen der Tierhaltung stehen. Es darf nicht mehr und nicht teuereres Futter verwendet werden, als jeweils zur Erreichung der notwendigen Leistung erforderlich ist. Jede noch so kleine Futtermenge, die eingespart werden kann, kann Futterflächen für den Anbau anderer Erzeugnisse frei machen. Sparsamste Verwendung des Futters setzt voraus, daß möglichst nur solche Tiere gehalten werden, die auf Grund ihrer ererbten Veranlagung das Futter gut verwerten, und daß das verfügbare Futter sachgemäß und wirtschaftlich verteilt wird. Letzteres ist nur dann möglich, wenn der Tierhalter die notwendigen Kenntnisse auf dem Gebiet der Fütterung besitzt und in der Praxis anwendet, was durchaus noch nicht überall geschieht. Sparsam füttern heißt keineswegs zu knapp füttern; jedes Tier braucht gewisse Mengen von Nährstoffen zum normalen Ablauf seiner Lebensverrichtungen und weitere, um die geforderten Leistungen erfüllen zu können. Eine Futterration ist dann richtig zusammengesetzt, wenn sie die jeweils erforderlichen Nährstoffe in ausreichender Menge und im richtigen Mengenverhältnis enthält. Der Nährstoffgehalt der einzelnen Futtermittel ist nicht nur an sich sehr verschieden, er wird auch durch ihre Herkunft, die Standortverhältnisse an ihrem Wachstumsort, die Ernte und Lagerung mehr oder weniger stark beeinflußt und schwankt deshalb erheblich.

Es ist üblich, für die praktische Fütterung die Nährstoffe in folgende Gruppen zusammenzufassen: 1. Stickstoffhaltige Stoffe,

2. Fette und Öle, 3. stickstoffreie Extraktstoffe, 4. Rohfaser, 5. Mineralstoffe.

In der Gruppe der stickstoffhaltigen Stoffe kommt den Eiweißstoffen eine besondere Bedeutung zu, weil eine gewisse Eiweißmenge im Futter stets notwendig ist, und zwar nicht nur für jede Art von Leistung, sondern auch schon zur Aufrechterhaltung der Lebensvorgänge überhaupt und weil das Eiweiß durch keinen anderen Nährstoff ersetzt werden kann. Die in der deutschen Landwirtschaft anfallenden Futtermittel sind im allgemeinen verhältnismäßig eiweißarm, es ist deshalb eine besonders wichtige und schwierige Aufgabe der praktischen Fütterung, den jeweils notwendigen Eiweißbedarf der Futterrationen sicherzustellen. Der Tierhalter muß sich darüber im klaren sein, daß einerseits eine Futterration ohne ausreichenden Eiweißgehalt überhaupt nicht voll zur Wirkung kommen kann und daß andererseits jede Eiweißverschwendung unsere Futterwirtschaft und unsere gesamte Ernährungswirtschaft schädigt.

Nährstoffe aus der Gruppe der Fette und Öle sind bei der Fütterung der landwirtschaftlichen Nutztiere nur in geringer Menge erforderlich, weil sie nahezu vollständig durch Nährstoffe aus der Gruppe der stickstoffreien Extraktstoffe ersetzt werden können, die uns vor allem in Form der sogenannten Kohlehydrate in den wirtschaftseigenen Futtermitteln zur Verfügung stehen, deren Beschaffung verhältnismäßig geringe Schwierigkeiten bereitet. Die Kohlehydrate bilden deshalb, von den Eiweißstoffen abgesehen, die eigentliche Grundlage der tierischen Ernährung. In der praktischen Fütterung kommt es somit vor allem darauf an, die Futterrationen so zu gestalten, daß sie neben dem nötigen Eiweiß Kohlehydrate in ausreichender Menge enthalten. Die Rohfaser findet sich in den Futtermitteln in wechselnder Menge, und zwar sind Heu- und Stroharten besonders rohfaserreich, während Wurzeln und Knollen nur wenig davon enthalten. Das Pferd und vor allem das Schwein vermögen die Rohfaser weit weniger gut zu verwerten als die Wiederkäuer.

Unentbehrlich für die tierische Ernährung sind auch die Mineralstoffe. In einer Futterration, die aus einwandfreien Futtermitteln besteht und richtig zusammengesetzt ist, sind meist genügend Mineralstoffe enthalten; bei jungen, heranwachsenden Tieren und bei Milchtieren mit hoher Milchleistung ist wegen des hohen Mineralstoffbedarfes allerdings eine Zufütterung derselben stets erforderlich, ebenso da, wo aus irgendwelchen Gründen das Futter nicht den normalen Mineralstoffgehalt besitzt.

Die ebenfalls lebensnotwendigen Vitamine werden bei richtiger Fütterung und einwandfreier Beschaffenheit der Futtermittel dem tierischen Organismus mit dem Futter in ausreichender Menge zugeführt.

Sowohl der Grad der Verdaulichkeit der einzelnen Futtermittel bzw. ihrer Nährstoffe als auch die Fähigkeit des einzelnen Tieres, aufgenommene Nahrung zu verwerten, d. h. in Körpersubstanz oder in Leistungen umzusetzen, schwanken innerhalb oft sehr weiter Grenzen; es spielen dabei einerseits der höhere oder geringere Rohfasergehalt, die Wachstumsverhältnisse, die Art der Werbung und Aufbewahrung, das Alter und die Zubereitung der Futtermittel, andererseits die Tierart und -rasse, die ererbte Veranlagung, das Alter, der Zustand des Gebisses und die allgemeine Körperverfassung eine erhebliche Rolle.

Dem Bedarf entsprechend, also weder unzureichend noch verschwenderisch kann man nur füttern, wenn man die Fütterung den jeweiligen Leistungen anpaßt und das Futterverwertungsvermögen der einzelnen Tiere möglichst berücksichtigt; ein schlechter Futterverwerter braucht für die gleiche Leistung mehr bzw. nährstoffreicheres Futter als ein guter, d. h. er wird mit dem gleichen Futter geringere Leistungen vollbringen.

Von dem gesamten Nährstoffgehalt einer Futterration ist stets ein gewisser Teil zur Aufrechterhaltung der Lebensverrichtungen des Tieres erforderlich (Erhaltungsfutter), erst der überschießende Futteranteil, das sogenannte Leistungsfutter, kann zur Erzeugung der eigentlichen Leistungen verwendet werden. Je größer diese sind, desto höher muß der Anteil des Leistungsfutters an der Gesamtration sein.

In der praktischen Fütterung muß man sich bei der Aufstellung von Futterrationen damit begnügen, für die einzelnen Futtermittel Durchschnittswerte des Nährstoffgehaltes zu Grunde zu legen, wie sie den Futtertabellen in landwirtschaftlichen Lehrbüchern, Kalendern usw. zu entnehmen sind. Die richtige Zusammenstellung einer Futterration setzt aber natürlich auch die Kenntnis des Nährstoffbedarfs für die jeweils erforderlichen Leistungen voraus; auch dabei muß man in der praktischen Fütterung auf Durchschnittsnormen zurückgreifen.

Die Auswahl der Futtermittel muß vor allem nach wirtschaftlichen Gesichtspunkten erfolgen; man wird nach Möglichkeit solche verwenden, die unter günstigen Bedingungen in der eigenen Wirtschaft erzeugt werden können.

Das Futter muß ein dem Verdauungsapparat des betreffenden Tieres angepaßtes Volumen besitzen, damit einerseits das Gefühl der Sättigung und damit des Wohlbehagens entsteht, andererseits aber eine Überladung der Verdauungsorgane und damit eine unvollständige Ausnützung des Futters vermieden wird. Die Empfindlichkeit gegen Futterschäden ist bei den einzelnen Tierarten verschieden groß. Auch die Schmackhaftigkeit des Futters ist für den Fütterungserfolg nicht bedeutungslos. Bei der Zusammenstellung von Futterrationen wird man bestrebt sein, weniger schmackhafte Futtermittel zusammen mit solchen zu verabreichen, die erfahrungsgemäß besonders gern gefressen werden. Überhaupt ist eine nicht zu einseitige, aus mehreren Futtermitteln zusammengesetzte Ration stets zu bevorzugen, nicht nur weil sie die Freßlust anregt, sondern auch weil sie in der Regel die notwendige Mineralstoff- und Vitaminversorgung besser gewährleistet als eine einseitige Fütterung.

Die Vielzahl der in der eigenen Wirtschaft oder durch Zukauf anfallenden bzw. beschaffbaren Futtermittel, die Abhängigkeit der Futtererzeugung von den örtlichen Verhältnissen, der nach Tierart, Rasse, Leistungen usw. wechselnde Bedarf nach Menge und Art der Futtermittel machen die Fütterung der landwirtschaftlichen Nutztiere zu einem sehr wichtigen, den wirtschaftlichen Erfolg wesentlich bestimmenden Arbeitsfeld. Es handelt sich hier um ein Gebiet, auf dem sich die noch reichlich vorhandenen Fehler finanziell meist sehr stark auswirken, während Verbesserungen in verhältnismäßig kurzer Zeit den Ertrag der Viehhaltung steigern können.

VI. Maßnahmen zur Förderung der Tierzucht und -haltung

Die große volkswirtschaftliche Bedeutung und der hohe Wert der Tierbestände und ihrer Erzeugnisse haben dem Staat und öffentlichen Körperschaften schon seit langem Veranlassung gegeben, Maßnahmen verschiedener Art durchzuführen oder zu unterstützen, die eine Verbesserung der Zucht- und Haltungsverhältnisse und damit der Leistungen bei unseren landwirtschaftlichen Nutztieren zum Ziele haben. In der Pferdezucht waren es zunächst militärische Gesichtspunkte, die ein solches Eingreifen des Staates veranlaßten; in neuerer Zeit gaben mehr und mehr volkswirtschaftliche Erwägungen den Ausschlag wie in den anderen Tierzuchtzweigen auch.

Maßnahmen zur Förderung der Tierzucht können von öffentlicher, d. h. staatlicher oder kommunaler Seite ausgehen oder privater Initiative entspringen; diese Bestrebungen können und sollen sich gegenseitig ergänzen, wobei man grundsätzlich mit Recht den Standpunkt vertreten wird, daß der Staat und die öffentlichen Stellen nur dann und nur soweit unmittelbar eingreifen sollen, als die private Initiative bzw. private Mittel dazu nicht ausreichen.

Eine Einrichtung, die für den Fortschritt in der Tierzucht von besonderer Bedeutung geworden ist, ist die Organisation des Herdbuchwesens. Sie fand ihren Ausgang in rein privaten freiwilligen Zusammenschlüssen von Züchtern mit dem Zweck, die Zucht- und Nutzleistungen der Haustierbestände zu verbessern. Da im allgemeinen nur die vorwärtsstrebenden, fortschrittlichen Züchter sich solchen Vereinigungen anschließen werden, ist die Weiterentwicklung der Tierzucht und -haltung innerhalb dieser Vereinigungen rascher möglich als in der breiten Masse.

Die Züchtervereinigungen sind durch den Zusammenschluß einer größeren Anzahl von Mitgliedern mit gleichgerichteten Interessen kapitalkräftiger und leistungsfähiger als die einzelnen Züchter; der Klein- und Mittelbetrieb ist vor allem auf die Züchtervereinigungen angewiesen. Mitgliederzahl, Größe und Bedeutung der Züchtervereinigungen sind naturgemäß sehr verschieden. Die größeren Züchterorganisationen stellen ihrerseits wieder Zusammenschlüsse kleinerer lokaler Vereinigungen dar, die meist als Zuchtgenossenschaften bezeichnet werden.

Heute bestehen Züchtervereinigungen für alle landwirtschaftlichen Nutztierarten und in allen Gebieten Deutschlands. Der Zweck dieser Vereinigungen ist die Förderung einer bestimmten Tierart und -rasse; so bezweckt z. B. der Verband Westfälischer Rotbuntzüchter die Förderung der Zucht des rotbunten Tieflandrindes in Westfalen. Zuchtrichtung und Zuchtziel sollen klar und eindeutig zum Ausdruck kommen, wie dies etwa für die Pferdezüchtervereinigung „Rheinisches Pferdestammbuch, Bonn“ zutrifft, deren Zuchtziel „ein kräftiges, gutgebautes, tiefes, breites, leichtfuttriges Pferd kaltblütigen Schlages mit starken Knochen und freien Bewegungen“ anstrebt.

Die Züchtervereinigungen haben sich mehr und mehr zu größeren Verbänden zusammengeschlossen und so bestanden und bestehen heute wieder in allen Tierzuchtzweigen Spitzenorganisationen, die eine gemeinsame Vertretung der Interessen der beteiligten Vereinigungen ermöglichen. Größere Verbände können in wirksamer Weise viele Aufgaben gemeinsam erfüllen, so etwa die Veranstaltung von Tierschauen und -versteigerungen, den Ausbau des Werbewesens, die Vertretung sonstiger wirtschaftlicher Interessen der Mitglieder usw.

Die für ihre Tätigkeit erforderlichen Mittel bringen die Züchtervereinigungen durch Mitgliederbeiträge, durch Erhebung von Gebühren für bestimmte Leistungen und durch Anteile an den Erlösen aus den Zuchtviehversteigerungen auf; in gewissem Umfang fließen ihnen auch direkt oder indirekt Zuwendungen aus öffentlichen Mitteln zu.

Die wesentlichsten Aufgaben der Züchtervereinigungen sind oder können sein 1. die Beschaffung von Zuchttieren und die Sorge um ihre geeignete Haltung, Fütterung und Zuchtverwendung, 2. die Herdbuchaufnahme der Zuchttiere, 3. die Kennzeichnung der Nachzucht, 4. die Zuchtbuchführung, 5. Maßnahmen zur Verbesserung der Haltung und Aufzucht von Zuchttieren, 6. Durchführung von Leistungsprüfungen, 7. Bekämpfung von Seuchen, 8. Veranstaltung von Tierschauen, Prämiierungen usw. und die Beteiligung an solchen, 9. Maßnahmen zur Förderung des Absatzes von Zuchttieren, 10. Beratung der Mitglieder in allen Fragen der Tierzucht und -haltung.

Die Beschaffung hochwertiger männlicher Zuchttiere muß als grundlegende Maßnahme jeder Züchtervereinigung angesehen werden. Die Vereinigung kann männliche Zuchttiere mit eigenen Mitteln beschaffen und den Mitgliedern zur Verfügung stellen oder aber die Züchter mit Zuschüssen, Prämien oder sonstigen Zuwendungen beim Ankauf oder in der Haltung solcher Tiere unterstützen.

Das Streben der Züchtervereinigungen geht dahin, in den Zuchtbetrieben Bestände zu schaffen, die dem Zuchtziel möglichst nahe kommen; man muß deshalb zu Beginn der Tätigkeit einer Züchtervereinigung unter den vorhandenen Tieren einen Stamm auswählen, der nach Abstammung, Leistung und Exterieur und möglichst schon bewiesener Vererbungstreue gewissen Mindestanforderungen gerecht wird und geeignet erscheint, bei Verwendung guter männlicher Zuchttiere eine hochwertige Nachzucht zu liefern. Von diesem Bestand ausgehend wird die Nachzucht laufend bei der sogenannten Herdbuchaufnahme einer Beurteilung nach Form, Abstammung und möglichst auch Leistung unterzogen, von deren Ergebnis es abhängt, ob das betreffende Tier in das Herdbuch der Züchtervereinigung aufgenommen wird oder nicht. Die Herdbuchaufnahme und die Art und Weise ihrer Durchführung ist für die Entwicklung der Züchtervereinigung ausschlaggebend und auch für die Tierbesitzer aus wirtschaftlichen Gründen höchst bedeutsam. Die Anforderungen, die bei der Herdbuchaufnahme hinsichtlich des Exterieurs, der Abstammung und etwaiger Leistungen gestellt werden, sind in den einzelnen Züchtervereinigungen verschieden; sie müssen sich den Verhältnissen insofern anpassen, als man in Zuchtgebieten mit langer züchterischer Entwicklung und einem entsprechenden Stand der Züchtung natürlich schärfere Anforderungen stellen kann als dort, wo man erst am Anfang der Arbeit steht.

Eine rechtzeitige und einwandfreie Kennzeichnung der in das Herdbuch aufgenommenen Tiere und ihrer Nachzucht ist unerläßlich, denn damit steht und fällt letzten Endes die ganze Herdbuchführung. Ein Zuchtgebiet, in dem der Käufer das Gefühl unbedingter Zuverlässigkeit hinsichtlich der ganzen Herdbuchführung und Identifizierung der eingetragenen Tiere hat, wird stets bevorzugt werden.

Das Zuchtbuch (Herdbuch, Stutbuch) ist ein Register, in welchem alle erreichbaren Angaben über die eingetragenen Tiere und ihre Nachzucht niedergelegt werden, die züchterisch von Bedeutung sind; eine geordnete Zuchtbuchführung bildet die Grundlage einer jeden rationellen Züchterarbeit. Ein Herdbuch ist dann ordnungsmäßig geführt, wenn es erlaubt, die Abstammungsverhältnisse der eingetragenen Tiere in möglichst vielen Generationen lückenlos nachzuweisen. Der züchterische Wert der Herdbucheintragungen ist um so größer, je mehr sie das Studium der Vererbung einzelner Eigenschaften und Merkmale gestatten.

Grundsatz jeder Herdbuchführung soll sein, das Herdbuch nicht mit einer Vielzahl mehr oder weniger überflüssiger Angaben zu belasten, die Eintragungen aber vollständig und einwandfrei auszuführen. Für die Vererbungsforschung bilden gerade bei großen Haustieren, bei denen das Züchtungsexperiment nur in Ausnahmefällen und nur in sehr beschränktem Umfang möglich ist, die Herdbucheintragungen die hauptsächlichste und oft alleinige Grundlage.

Da die eigentlichen Zuchtbücher meist nur in einer Ausfertigung handschriftlich geführt werden können und deshalb schwer zugänglich sind, ist es notwendig, den Züchtern durch Auszüge aus den Herdbüchern usw. die für ihre praktische Arbeit notwendigen Unterlagen in geeigneter Weise zur Verfügung zu stellen. Zu den Hilfsmitteln für eine Nutzbarmachung der Herdbucheintragungen für die praktische Züchtung gehören Herdbuchauszüge, Abstammungsnachweise, Stallbücher, Deckregister usw. Das erste gedruckte Herdbuch der Welt war das im Jahre 1793 erstmalig erschienene „General-Stutbook“ für englische Vollblutpferde; die handschriftliche Sammlung von Abstammungsaufzeichnungen über englische Vollblutpferde geht noch wesentlich weiter zurück.

Die Tatsache, daß die Erzeugung einer mit guten Erbanlagen ausgestatteten Nachzucht, also die eigentliche Züchtung, allein nicht genügt, um zu brauchbaren Tieren zu kommen, sondern daß auch die Haltung im weitesten Sinne des Wortes eine entsprechende sein muß, hat die Züchtervereinigungen veranlaßt, sich mehr und mehr auch mit den Haltungsfragen in ihren Zuchtgebieten zu befassen und Maßnahmen und Einrichtungen zur Verbesserung der Haltungsbedingungen zu treffen.

Die Sorge um die Gesunderhaltung der wertvollen Herdbuchtiere gehört über die gesetzlichen Bestimmungen und die öffentlichen einschlägigen Maßnahmen hinaus begreiflicherweise auch zum Aufgabenkreis der Züchtervereinigungen. Sie kommt schon zum Ausdruck in den Bestrebungen dieser Organisationen nach einer möglichst gesunden naturgemäßen Aufzucht und Haltung der Tiere. Sie umfaßt des weiteren die gemeinsame Bekämpfung von Seuchen verschiedenster Art, u. U. auch einen gemeinsamen Versicherungsschutz gegen Viehverluste usw.

Ein bedeutsames und nach den schon erzielten Erfolgen zu beurteilen auch sehr wirksames Mittel die Tierzucht und -haltung zu fördern und zu verbessern sind Tierschauen und Prämiierungen, als deren Veranstalter und Träger weitgehend die Züchtervereinigungen auftreten. Tierschauen geben den Besuchern ein aufschlußreiches Bild über den Stand der Tierzucht in einem bestimmten Gebiet. Sie ermöglichen dem Aussteller einen Vergleich der eigenen Tiere mit anderen und geben ihm Anregungen mannigfaltiger Art für seine Züchterarbeit, eröffnen neue Absatzwege und wirken richtunggebend auch für alle anderen Tierhalter. Je nach dem Bereich, den die Schauen umfassen, unterscheidet man zwischen Lokalschauen (Ortsschauen), Kreis- und Bezirksschauen, Provinzialschauen und Landesschauen sowie Reichsschauen. Die höchsten Anforderungen an das beteiligte Tiermaterial werden in den großen Landes- und Reichsschauen gestellt, auf denen sich Tiere eines ganzen Landes oder aus dem ganzen Reichsgebiet im Wettbewerb messen. In Deutschland sind die Tierschauen anläßlich der Wanderausstellungen der Deutschen Landwirtschaftsgesellschaft als solche Reichsschauen anzusprechen. Diese Schauen wurden seit 1887 alljährlich, von wenigen Unterbrechungen in Kriegs- und Nachkriegszeiten abgesehen, abgehalten, und zwar abwechselnd in den verschiedenen Gebieten des Reiches. Durch ihre gute Einrichtung und Durchführung sind diese Schauen für das gesamte Tierschauwesen in Deutschland vorbildlich und richtunggebend geworden. Sie haben auf die Entwicklung der deutschen Tierzucht einen großen Einfluß ausgeübt; auf ihnen traten alljährlich die Züchtervereinigungen und die führenden Züchter mit ihren besten Zuchttieren in Wettbewerb.

Das Kernstück der Tierschauen bilden die Prämiierungen. Die jeweils als die besten beurteilten Tiere werden mit Geld- oder Ehrenpreisen bedacht, die eine Prämie für besondere züchterische Leistungen darstellen und gleichzeitig dem Züchter eine gewisse

Entschädigung für seine Arbeit gewähren sollen. Im einzelnen wird der Maßstab, der bei der Prämiierung angelegt werden kann und muß, ein recht unterschiedlicher sein; er hat sich dem Stand der Züchtung und den sonstigen Verhältnissen des betreffenden Gebietes anzupassen.

Während früher Prämiierungen fast ausschließlich nur nach der äußeren Erscheinung erfolgten, ist man neuerdings mehr und mehr dazu übergegangen, nicht allein die Form, sondern auch die Abstammung und die Leistungen der Tiere mit zu berücksichtigen und ihren Erbwert als den eigentlichen entscheidenden Faktor anzusehen.

Da die Züchtervereinigungen letzten Endes die wirtschaftlichen Interessen ihrer Mitglieder wahrzunehmen haben, wird die Sorge um eine günstige Gestaltung des Absatzes von Herdbuchtieren stets eine ihrer wichtigsten Aufgaben sein. Diese Aufgabe kann als richtig gelöst gelten, wenn dem Herdbuchzüchter der laufende Absatz seiner Zuchtprodukte zu einem auskömmlichen Preis gewährleistet wird und wenn andererseits die Landestierzucht die Möglichkeit hat, den Bedarf an Herdbuchtieren zu angemessenen Bedingungen aus den Herdbuchbetrieben zu decken. Dabei ist zu berücksichtigen, daß nach den geltenden gesetzlichen Bestimmungen die Versorgung der Landeszucht mit männlichen Zuchttieren ausschließlich durch Herdbuchzuchten zu erfolgen hat und daß es für den allgemeinen Fortschritt der Zucht erwünscht ist, daß auch die Nichtherdbuchbetriebe laufend durch gutes weibliches Zuchtmaterial aus Herdbuchzuchten verbessert werden.

Als die geeignetste Form für den Verkauf von Zuchttieren haben sich die Versteigerungen erwiesen und die weitaus überwiegende Mehrzahl der männlichen Zuchttiere wechselt heute über die Zuchtviehversteigerungen den Besitzer.

Die der Förderung der Tierzucht und -haltung dienenden Maßnahmen des Staates und öffentlicher Körperschaften sind vielseitig und z. T. recht einschneidend. Sie sollen dem Wohl der Gesamtheit der Bevölkerung dienen und von volkswirtschaftlichen Erwägungen geleitet sein. Sie sollen der Verbesserung der Produktionsbedingungen und der Leistungen der gesamten Landestierzucht zugutekommen; daß im Rahmen dieser Bestrebungen nicht zuletzt die organisierte Tierzucht, die Herdbuchzucht, entsprechend berücksichtigt wird, ist durchaus berechtigt, ist sie doch das fortschrittliche und treibende Element für die allgemeine Landeszucht.

Eine bedeutsame Verpflichtung erwächst dem Staat in der Fürsorge um die fachliche Ausbildung des mit der Tierzucht und -haltung befaßten großen und vielseitig zusammengesetzten Personenkreises und um eine zweckmäßige, auf breiter Grundlage arbeitende Beratung der Tierhalter, sei es im Rahmen der allgemeinen landwirtschaftlichen Beratung, sei es in Form einer speziellen Fachberatung. Eine weitere entscheidende Voraussetzung für eine gedeihliche Entwicklung ist die Einrichtung und Unterhaltung von Forschungsanstalten und Versuchswirtschaften verschiedener Art auf dem Gebiete der Tierzüchtung und -haltung aus öffentlichen Mitteln.

Zu den ältesten staatlichen Maßnahmen bzw. Einrichtungen zur Förderung der Tierzucht, und zwar speziell der Pferdezucht gehört das staatliche Gestütswesen. Die Einrichtung und der Betrieb von Gestüten durch königliche oder fürstliche Hofhaltungen, durch Klöster oder öffentliche Körperschaften ist schon aus dem frühen Mittelalter und aus noch früheren Jahrhunderten überliefert. Der Ursprung der fürstlichen und staatlichen Gestüte ist darin zu suchen, daß ehemals die Fürsten auf ihren ausgedehnten Besitzungen die für ihre Heere und ihre Hofhaltung erforderlichen Pferde selbst züchteten; vereinzelt bestanden sogenannte Hofgestüte bei uns in Deutschland bis in die Zeit nach dem ersten Weltkrieg. Heute dienen die staatlichen Gestüte durch Bereitstellung geeigneter Hengste für die Landespferdezucht der Versorgung des Landes mit gutem Pferdematerial für die Zwecke der Wirtschaft, vor allem der Landwirtschaft, soweit diese nicht durch Privat- oder Genossenschaftshengste erfolgt.

Die Frage nach der Notwendigkeit bzw. Erwünschtheit staatlicher Gestüte war im Laufe der Zeit vielfach umstritten, man hat nicht selten vorgeschlagen, die staatlichen Gestüte aufzuheben und die für sie erforderlichen nicht unerheblichen öffentlichen Mittel der privaten Pferdezucht unmittelbar zukommen zu lassen. Daß ein solcher Weg gangbar sein kann, zeigen deutsche Länder wie Oldenburg und Staaten wie Belgien, in denen sich ohne ein staatliches Gestütswesen auf rein privater Grundlage eine hochstehende, blühende Pferdezucht entwickelt hat. In den meisten deutschen Ländern aber stellt das staatliche Gestütswesen eine durch lange Erfahrungen und erhebliche Kapitalinvestierungen festgefügte Einrichtung dar, die sehr viel Gutes geleistet hat und leistet.

Die Züchtung und Aufzucht von Hengsten ist schwierig und schließt ein erhebliches finanzielles Risiko in sich ein, das nur erfahrene und kapitalkräftige Privatzüchter übernehmen können. Eine staatliche Einrichtung nach Art der Gestütsverwaltung kann naturgemäß mehr auf lange Sicht arbeiten, ein größeres Risiko übernehmen und Krisenzeiten besser überstehen, als dies im allgemeinen der private Züchter vermag.

In der Organisation des staatlichen Gestütswesens unterscheidet man zwischen den Hauptgestüten (Zucht- oder Stammgestüte) und den Landgestüten. Gestüte im eigentlichen Sinne des Wortes sind dabei nur die Hauptgestüte, denn nur in ihnen wird Zucht getrieben. Dagegen sind die Landgestüte keine eigentlichen Gestüte; sie treiben keine Zucht, sie sind vielmehr Hengstdepots, von denen aus die staatlichen Hengste während der Deckzeit auf die einzelnen Deckstationen im Lande verteilt werden, wo sie zum Decken der Stuten für die Landespferdezucht zur Verfügung stehen. Die für die Versorgung der Landespferdezucht erforderlichen Hengste der Landgestüte werden, soweit sie nicht in den Hauptgestüten des Staates selbst gezüchtet werden, von Privatzüchtern und Genossenschaften angekauft. Durch die Auswahl der Deckhengste und ihre Verteilung auf die Deckstellen kann die staatliche Gestütsverwaltung einen sehr entscheidenden Einfluß auf die Entwicklung und Zuchtrichtung in der Landespferdezucht ausüben; sie übernimmt damit natürlich auch eine erhebliche Verantwortung.

Sehr gut bewährt hat sich in der Pferdezucht und auch bei anderen Haustieren die genossenschaftliche Vatertierhaltung, bei der sich mehrere Züchter zur gemeinsamen Haltung männlicher Zuchttiere zusammenschließen. In das Aufgabengebiet der öffentlichen Förderungsmaßnahmen fällt die genossenschaftliche Vatertierhaltung insofern, als sie durch Beihilfen des Staates oder öffentlicher Körperschaften unterstützt wird.

Von den wichtigsten gesetzlichen Bestimmungen, die der Förderung der Tierzucht und der tierischen Erzeugung dienen sollen, ist in erster Linie das vom Wirtschaftsrat angenommene Tierzuchtgesetz zu nennen. Dieses Gesetz, an Stelle des im Jahre 1936 in Kraft getretenen Gesetzes zur Förderung der Tierzucht (Reichstierzuchtgesetz) im Jahre 1949 erlassen, ist ein Rahmengesetz, das nur die grundsätzlichen Maßnahmen umfaßt und die Einzelheiten den Ländern überläßt; es hält an dem sogenannten Körzwang fest und regelt die Haltung und Zuchtverwendung der männlichen Zuchttiere (Hengste, Bullen, Eber, Schaf- und Ziegenböcke). Die Bestimmungen des Gesetzes laufen darauf hinaus, daß kein männliches Tier zur Zucht Verwendung finden darf, das nicht zur Verbesserung der Landestierzucht geeignet ist. Zur Feststellung dieser Eignung müssen die Tiere einer Beurteilung auf ihre Zuchttauglichkeit, der sogenannten Körung, unterworfen werden, und zwar auch dann, wenn sie nur im eigenen Betrieb des betreffenden Tierhalters Verwendung finden; diese Bestimmung gilt auch für Tiere, die zur künstlichen Besamung benützt werden sollen. Voraussetzung für die Körung ist ein ausreichender Abstammungsnachweis, der über die

Leistungen der Vorfahren des zu körenden Tieres Aufschluß gibt. Die Sorge für die Beschaffung und Unterhaltung der männlichen Zuchttiere obliegt nach dem Gesetz, sofern nicht Privatzüchter oder Genossenschaften ausreichend Vatertiere zur Verfügung stellen, den Gemeinden, bei Pferden der Gestütsverwaltung.

Auch das Tierschutzgesetz von 1934 berührt in mancher Hinsicht die Interessen und Arbeitsgebiete der Tierzüchter und Tierhalter.

Der enge Zusammenhang zwischen Milchviehhaltung und Milchwirtschaft erfordert einen Hinweis auf das Milch- und Fettgesetz vom Jahre 1951; es befaßt sich mit der Milcherzeugung und der Milchbe- und -verarbeitung und greift in die Tätigkeit und die wirtschaftlichen Interessen eines großen Personenkreises ein, nämlich der Milchviehhalter, des Stallpersonals, der Molkereien, Käsereien und anderer milchverarbeitender Industrien sowie der Verbraucher von Milch und Milcherzeugnissen. Das Gesetz verfolgt den Zweck, die gesetzlichen Grundlagen für die Erzeugung einer hochwertigen, hygienisch einwandfreien Milch und entsprechender Milcherzeugnisse zu schaffen.

Schließlich ist noch der öffentlichen Maßnahmen zur Bekämpfung der Tierseuchen und zum Schutz der Tierbestände gegen solche Seuchen zu gedenken. Die durch seuchenhafte Erkrankungen der landwirtschaftlichen Nutztiere alljährlich entstehenden Tierverluste und Wertminderungen sind außerordentlich hoch und das privatwirtschaftliche wie das volkswirtschaftliche Interesse erfordert in gleicher Weise einen wirksamen Seuchenschutz und eine erfolgversprechende Seuchenbekämpfung. Der Staat hat um so mehr die Verpflichtung, auf dem Gebiet der Seuchenbekämpfung und des Seuchenschutzes die Initiative zu ergreifen, als eine Aussicht auf Erfolg der einschlägigen Maßnahmen ein gemeinsames Vorgehen der Beteiligten und eine einheitliche Lenkung zur Voraussetzung hat.

Sachregister

Gewöhnliche Differentialgleichungen. Von G. Hoheisel. 4., neubearbeitete Aufl. 129 S. 1951 . . . . Bd. 920

Partielle Differentialgleichungen. Von G. Hoheisel. 3., neubearb. Aufl. 130 S. 1952. In Vorbereitung . . . . Bd. 1003

Aufgabensammlung zu den gewöhnlichen und partiellen Differentialgleichungen. Von G. Hoheisel. 2., umgearb. Aufl. 1952 . . . . Bd. 1059

Differentialrechnung. Von A. Witting. 3., neubearb. Aufl. Durchgesehener Neudruck. Mit 95 Fig. und 200 Beispielen. 201 S. 1949 . . . . Bd. 87

Repetitorium und Aufgabensammlung zur Differentialrechnung. Von A. Witting. 2. Aufl. Neudruck. 122 S. 1949 . . . . Bd. 146

Integralrechnung. Von A. Witting. 2., verbesserte Aufl. Durchgesehener Neudruck. Mit 62 Fig. und 190 Beispielen. 176 S. 1949 . . . . Bd. 88

Repetitorium und Aufgabensammlung zur Integralrechnung. Von A. Witting. 2. Aufl. Neudruck. 121 S. 1949 . . . Bd. 147

Einführung in die konforme Abbildung. Von L. Bieberbach. 4. Aufl. Mit 42 Zeichnungen. 147 S. 1949 . . . . Bd. 768

Darstellende Geometrie. Von R. Haussner. 1. Teil: Elemente, ebenflächige Gebilde. 6., unveränderte Aufl. Mit 110 Fig. 207 S. 1947 . . . . Bd. 142
2. Teil: Perspektive ebener Gebilde, Kegelschnitte. 5., unveränderte Aufl. Mit 88 Fig. 168 S. 1947 . . . . . Bd. 143

Sammlung von Aufgaben und Beispielen zur analytischen Geometrie der Ebene. Von R. Haussner. Neudruck. Mit 22 Fig. 139 S. 1949 . . . . Bd. 256

Ebene und sphärische Trigonometrie. Von G. Hessenberg. 4. Aufl., Neudruck. 1952. In Vorbereitung . . . . . Bd. 99

Nichteuklidische Geometrie. Hyperbolische Geometrie der Ebene. Von R. Baldus. 3., verbess. Aufl. durchges. von F. Löbell. Mit 70 Fig. 140 S. 1952. In Vorbereitung . Bd. 970

Vermessungskunde. Von P. Werkmeister. I.: Stückmessung und Nivellieren. 9. Aufl. Mit 145 Fig. 172 S. 1949 Bd. 468
II.: Messung von Horizontalwinkeln. Festlegung von Punkten im Koordinatensystem. Absteckungen. 7. Aufl. Mit 63 Fig. 151 S 1949 . . . . Bd. 469
III.: Trigonometrische und barometrische Höhenmessung. Tachymetrie und Topographie. 6. Aufl. Mit 64 Fig. 147 S. 1949 . . . . Bd. 862

Vektoranalysis. Von S. Valentiner. 7., wesentlich veränderte Aufl. Mit 19 Fig. 138 S. 1950 . . . . Bd. 354

Physik / Chemie / Allgemeine, anorganische, organische und experimentelle Chemie / Elektrochemie / Technologie

Physikalische Formelsammlung. Von G. u. K. Mahler. 8., verbesserte Aufl. Mit 69 Fig. 153 S. 1950. . . . . . Bd. 136

Physikalische Aufgabensammlung. Von G. u. K. Mahler. Mit den Ergebnissen. 7., verbess. Aufl. 127 S. 1952. . . Bd. 243

Differentialgleichungen der Physik. Von E. Sauter. 2. Aufl. Mit 16 Fig. 148 S. 1950 . . . . Bd. 1070

Einführung in die Kristalloptik. Von E. Buchwald. 4., verbess. Aufl. Mit 121 Fig. 138 S. 1952 . . . . Bd. 619

Vektoranalysis. Von S. Valentiner. 7., wesentl. veränderte Aufl. Mit 19 Fig. 138 S. 1950 . . . . Bd. 354

Geschichte der Chemie. Von G. Lockemann. Bd. I: Vom Altertum bis zur Entdeckung des Sauerstoffs. Mit 8 Bildnissen. 142 S. 1950 . . . . Bd. 264

Allgemeine und physikalische Chemie. Von W. Schulze. I. Teil: 3., durchgesehene Aufl. Mit 22 Fig. 146 S 1949 Bd. 71
II. Teil: 3., durchgesehene Aufl. Mit 36 Fig. 160 S. 1949 Bd. 698

Physikalisch-Chemische Rechenaufgaben. Von E. Asmus. 2. Aufl. 96 S. 1949 . . . . Bd. 445

Anorganische Chemie. Von W. Klemm. 7. Aufl. Mit 18 Abb. 184 S. 1952 . . . . Bd. 37

Thermochemie. Von W. A. Roth. 3. Aufl. Mit 16 Fig. 109 S. 1952. In Vorbereitung . . . . Bd. 1057

Stöchiometrische Aufgabensammlung. Mit den Ergebnissen. Von W. Bahrdt und R. Scheer. 5., verbess. Aufl. Mit 120 S. 1952 . . . . Bd. 452

Organische Chemie. Von W. Schlenk. 5., verbess. Aufl. Mit 17 Fig. 239 S. 1949 . . . . Bd. 38

Analytische Chemie. Von J. Hoppe. I.: Reaktionen. 5., verbesserte Aufl. 135 S. 1950 . . . . Bd. 247
II.: Gang der qualitativen Analyse. 5., verbesserte Aufl. 168 S. 1950 . . . . Bd. 248

Elektrochemie und ihre physikalisch-chemischen Grundlagen. Von A. Dassler. Bd. I: Mit 21 Abb. 149 S. 1950 Bd. 252
Bd. II: Mit 17 Abb. 178 S. 1950 . . . . Bd. 253

Warenkunde. Von K. Hassak und E. Beutel. 7. Auflage, neu bearbeitet von A. Kutzelnigg. Bd. I. Anorganische Waren sowie Kohle und Erdöl. Mit 19 Fig. 116 S. 1947 Bd. 222
Bd. II. Organische Waren. Mit 32 Fig. 143 S. 1949 Bd. 223

Die Fette und Öle. Von K. Braun. 5. vollständig neubearb. und verbess. Aufl. von Th. Klug. 145 S. 1950 . . . . . Bd. 335

Naturwissenschaften / Biologie / Botanik / Zoologie Land- und Forstwirtschaft

Hormone. Von G. Koller. 2. Aufl. Mit 60 Abb. und 19 Tab. 187 S. 1949 . . . . Bd. 1141

Geschlecht und Geschlechtsbestimmung im Tier- und Pflanzenreich. Von M. Hartmann. 2. Aufl. Mit 62 Abb. 155 S. 1951 . . . . Bd. 1127

Fortpflanzung im Tier- und Pflanzenreich. Von J. Hämmerling. 2., ergänzte Aufl. Mit 101 Abb. 135 S. 1951 . . Bd. 1138

Grundriß der allgemeinen Mikrobiologie. Von W. Schwartz. Bd. I: Mit 17 Abb. 104 S. 1949 . . . . Bd. 1155
Bd. II: Mit 12 Abb. 93 S. 1949 . . . . Bd. 1157

Symbiose der Tiere mit pflanzlichen Mikroorganismen. Von P. Buchner. 2., verbesserte und vermehrte Aufl. Mit 121 Abb. 130 S. 1949 . . . . Bd. 1128

Entwicklungsgeschichte des Pflanzenreiches. Von H. Heil. 2. Aufl. Mit 94 Abb. und 1 Tab. 138 S. 1950 . . . . . Bd. 1137

Morphologie der Pflanzen. Von L. Geitler. 3. Aufl. Mit 114 Abb. 126 S. 1952. In Vorbereitung . . . . Bd. 141

Pflanzenzüchtung. Von H. Kuckuck. I: Grundzüge der Pflanzenzüchtung. 3., völlig umgearbeitete u. erweiterte Aufl. Mit 22 Abb. 132 S. 1952 . . . . Bd. 1134

Die Laubhölzer. Von F. W. Neger und E. Münch. 3., durchgesehene Aufl., herausgegeben von B. Huber. Mit 63 Fig. und 7 Tab. 142 S. 1950 . . . . Bd. 718

Die Nadelhölzer (Koniferen) und übrigen Gymnospermen. Von F. W. Neger und E. Münch. 4., durchges. u. ergänzte Aufl., herausgegeb. von B. Huber. Mit 75 Fig., 5 Tabellen u. 5 Karten. 140 S. 1952 . . . . Bd. 355

Vergleichende Physiologie der Tiere. Von K. Herter.
I. Stoff- und Energiewechsel. 3. Aufl. Mit 64 Abb. 155 S. 1950 . . . . Bd. 972
II. Bewegung und Reizerscheinungen. 3. Aufl. Mit 110 Abb. 148 S. 1950 . . . . Bd. 973

Landwirtschaftliche Tierzucht. Die Züchtung und Haltung der landwirtschaftlichen Nutztiere. Von H. Vogel. Mit 11 Abbild. 139 S. 1952 . . . . Bd. 228

Kulturtechnische Bodenverbesserungen. Von O. Fauser.
I.: Allgemeines, Entwässerung. 4., neubearbeitete Aufl. Mit 47 Abb. 122 S. 1947 . . . . Bd. 691
II.: Bewässerung, Ödlandkultur, Umlegung. 4., neubearbeitete Aufl. Mit 67 Abb. 150 S. 1948 . . . . . . Bd. 692

Geologie / Mineralogie / Kristallographie

Geologie. Von H. Cloos. 3. Aufl. In Vorbereitung . . . Bd. 13

Mineralogie. Von R. Brauns und K. F. Chudoba. 8., neubearbeitete Aufl. Mit 125 Textfiguren und 9 Abb. auf einer Tafel. 143 S. 1943 . . . . Bd. 29

Petrographie. Von W. Bruhns u. P. Ramdohr. 3., durchgesehene Aufl. Mit 10 Figuren. 117 S. 1949 . . . . . Bd. 173

Kristallographie. Von W. Bruhns und P. Ramdohr. 4. Aufl. 1952 . . . . Bd. 210

Einführung in die Kristalloptik. Von E. Buchwald. 4., verb. Aufl. Mit 121 Fig. 138 S. 1952 . . . . Bd. 619

Lötrohrprobierkunde. Mineraldiagnose mit Lötrohr und Tüpfelreaktion. Von M. Henglein. 3., verbesserte Aufl. Mit 11 Fig. 91 S. 1949 . . . . Bd. 483

Ingenieurwissenschaften

Allgemeines / Maschinenbau / Hoch- und Tiefbau Elektrotechnik / Wasserbau

Technische Tabellen und Formeln. Von W. Müller. 4., überarbeitete Aufl. Von E. Schulze. Mit 105 Fig. 152 S. 1951 Bd. 579

Dynamik. Von W. Müller. I.: Dynamik des Einzelkörpers. 2., verbesserte Aufl. Mit 70 Fig. 160 S. 1952 . . . . Bd. 902
II.: Systeme von starren Körpern. 2., verbess. Aufl. Mit 41 Fig. 102 Seiten. 1952 . . . . Bd. 903

Technische Thermodynamik. Von W. Nusselt.
I.: Grundlagen. 3., verb. Aufl. Mit 71 Abb. 144 S. 1950 Bd. 1084
II.: Theorie der Wärmekraftmaschinen. Neudruck. Mit 87 Abb. und 32 Zahlentafeln. 144 S. 1951 . . . . . . Bd. 1151

Festigkeitslehre. Von W. Gehler und W. Herberg.
I.: Elastizität, Plastizität und Festigkeit der Baustoffe und Bauteile. Durchgesehener u. erweit. Neudruck. Mit 118 Bildern. 159 S. 1952 . . . . Bd. 1144

Metallkunde. Von H. Borchers. I.: Aufbau der Metalle und Legierungen. Mit 2 Tab. und 90 Abb. 2. Aufl. 110 S. 1950 . . . . Bd. 432
II.: Eigenschaften, Grundzüge der Form und Zustandsgebung. Mit 8 Tab., 100 Abb. 2. Aufl. 154 S. 1952 Bd. 433

Getriebelehre. Von P. Grodzinski u. H. Polster. I.: Geometrische Grundlagen. 2. Aufl. Mit 127 Fig. 1952. In Vorbereitung . . . . Bd. 1061

Die Maschinenelemente. Von E. vom Ende. 2., verbesserte Aufl. Mit 173 Fig. und 12 Taf. 159 S. 1950 . . . . . Bd. 3

Das Maschinenzeichnen mit Einführung in das Konstruieren. Von W. Tochtermann.
I.: Das Maschinenzeichnen. 4. Aufl. Mit 77 Taf. 156 S. 1950 Bd. 589
II.: Ausgeführte Konstruktionsbeispiele. 4. Aufl. Mit 58 Taf 130 S. 1950 . . . . Bd. 590

Die Dampfkessel und Feuerungen einschließlich Hilfseinrichtungen in Theorie, Konstruktion und Berechnung. Von W. Marcard. 2. Aufl., neubearbeitet von K. Beck.
I.: Die theoretischen Grundlagen. Wärme, Verbrennung, Wärmeübertragung. Mit 42 Abb. u. 16 Tab. 150 S. 1951 Bd. 9
II.: Dampfkessel. Mit 53 Abb. 147 S. 1952 . . . . . Bd. 521

Gießereitechnik. Von H. Jungbluth. I. Teil: Eisengießerei. Mit 44 Abb. 126 S. 1951 . . . . Bd. 1159

Autogenes Schweißen und Schneiden. Von H. Niese. 5. Aufl., neubearb. von A. Küchler. Mit 71 Fig. 136 S. 1952. In Vorbereitung . . . . Bd. 499

Die wichtigsten Baustoffe des Hoch- und Tiefbaues. Von O. Graf. 3., verbesserte Aufl. Mit 58 Abb. 136 S. 1947 Bd. 984

Baustoffverarbeitung und Baustellenprüfung des Betons. Von A. Kleinlogel. 2., neubearb. u. erweiterte Aufl. Mit 35 Abb. 126 S. 1951 . . . . Bd. 970

Fenster, Türen, Tore aus Holz und Eisen. Von W. Wickop. 3., überarb. und ergänzte Aufl. Mit 96 Abb. 154 S. 1949 Bd. 1092

Heizung und Lüftung. Von J. und W. Körting. I.: Das Wesen und die Berechnung der Heizungs- und Lüftungsanlagen. 8., neubearb. Aufl. Mit 29 Abb. und 18 Zahlentafeln. 140 S. 1951 . . . . Bd. 342
II.: Die Ausführung der Heizungs- u. Lüftungsanlagen. 8. Aufl. 1952. In Vorbereitung . . . . Bd. 343

Die Gleichstrommaschine. Von K. Humburg.
I. Durchgesehener Neudruck. Mit 59 Abb. 102 S. 1949 Bd. 257
II. Durchgesehener Neudruck. Mit 38 Abb. 98 S. 1949 Bd. 881

Die synchrone Maschine. Von K. Humburg. Neudruck. Mit 78 Bildern. 109 S. 1951 . . . . Bd. 1146

Transformatoren. Von W. Schäfer. 2. Aufl. Mit 74 Abb. 128 S. 1949 . . . . Bd. 952

Die komplexe Berechnung von Wechselstromschaltungen. Von H. H. Meinke. Mit 114 Abb. 160 S. 1949 . . . . . Bd. 1156

Theoretische Grundlagen zur Berechnung der Schaltgeräte. Von F. Kesselring. 3. Aufl. Mit 92 Abb. 144 S. 1950 . . Bd. 711

Elektromotorische Antriebe. (Grundlagen für die Berechnung.) Von A. Schwaiger. 3., neubearb. Aufl. Mit 34 Abb. 95 S. 1952 . . . . Bd. 827

Überspannungen und Überspannungsschutz. Von G. Frühauf. Durchges. Neudruck. Mit 98 Abb 122 S. 1950 . . . . Bd. 1132

Verkehrswasserbau. Von H. Dehnert. I.: Entwurfsgrundlagen, Flußregelungen. Mit 52 Textabb. 103 S. 1950 Bd. 585
II.: Flußkanalisierungen und Schiffahrtskanäle. Mit 60 Textabb. 94 S. 1950 . . . . Bd. 597
III.: Schleusen und Hebewerke. Mit 70 Textabb. 98 S. 1950 . . . . Bd. 1152

Wehr- und Stauanlagen. Von H. Dehnert. Mit 90 Abb. 134 S. 1952 . . . . Bd. 965

Geisteswissenschaften

Philosophie / Psychologie

Einführung in die Philosophie. Von H. Leisegang. 145 S. 1951 . . . . Bd. 281
Hauptprobleme der Philosophie. Von G. Simmel. 7., unveränderte Auflage. 177 S. 1950 . . . . Bd. 500
Erkenntnistheorie. I Allgemeine Grundlegung. Von G. Kropp 143 S. 1950 . . . . Bd. 807
Die geistige Situation der Zeit. (1931). Von K. Jaspers. 2., unveränderter Abdruck der im Sommer 1932 bearbeiteten 5. Aufl. 232 S. 1949 . . . . Bd. 1000
Philosophisches Wörterbuch. Von M. Apel. 3., neubearb. Aufl. 260 S. 1950 . . . . Bd. 1031
Therapeutische Psychologie. (Freud, Adler, Jung). Von W. M. Kranefeldt. 2. Aufl. 152 S. 1950 . . . . Bd. 1034

Religionswissenschaften

Jesus. Von M. Dibelius. 2. Aufl. Neudruck. 141 S. 1949. Bd. 1130
Paulus. Von M. Dibelius. Hrsg. und zu Ende geführt von W. G. Kümmel. 155 S. 1951 . . . . Bd. 1160

Musik / Kunst

Systematische Modulation. Von R. Hernried. 2. Aufl. 136 S. 1950 . . . . Bd. 1094
Der polyphone Satz. I. Der cantus-firmus-Satz. Von E. Pepping. 2. Aufl. 223 S. 1950 . . . . Bd. 1148
Die Technik des Klavierspiels. Von K. Schubert. 2. Aufl. 132 S. 1946 . . . . Bd. 1045
Die Musik des 19. Jahrhunderts. Von W. Oehlmann. 180 S. 1952. In Vorbereitung . . . . Bd. 170
Stilkunde. I. Vorzeit, Antike, Mittelalter. Von H. Weigert. 2. Aufl. Mit 94 Abb. 136 S. 1952. In Vorbereitung . . Bd. 80
II. Spätmittelalter und Neuzeit. 2. Aufl. Mit 84 Abb. 147 S. 1952. In Vorbereitung . . . . Bd. 781

Geschichte

Allgemeines / Vor- und Frühgeschichte / Altertum, Mittelalter und Neuzeit / Kulturgeschichte

Einführung in die Geschichtswissenschaft. Von P. Kirn. 2. Aufl. 121 S. 1952 . . . . Bd. 270
Kultur der Urzeit. Bd. I: Die vormetallischen Kulturen. (Die Steinzeiten Europas. Gleichartige Kulturen in anderen Erdteilen.) Von F. Behn. 4. Aufl. Mit 48 Abb. 172 S. 1950 . . . . Bd. 564
Bd. II: Die älteren Metallkulturen. (Der Beginn der Metallbenutzung. Kupfer- und Bronzezeit in Europa, im Orient und Amerika.) 4. Aufl. Mit 67 Abb. 160 S. 1950 . . . . Bd. 565
Bd. III: Die jüngeren Metallkulturen. (Das Eisen als Kulturmetall. Hallstatt- und Latène-Kultur in Europa. Das erste Auftreten des Eisens in den anderen Weltteilen.) 4. Aufl. Mit 60 Abb. 149 S. 1950 . . . . Bd. 566
Vorgeschichte Europas. Von F. Behn. 7. Aufl. Mit 47 Abb. 125 S. 1949 . . . . Bd. 42

Vor- und Frühzeit der Mittelmeerländer. I. Das östliche Mittelmeer. Von J. Wiesner. Mit einer Textabb. und 7 Tafeln. 177 S. 1943 . . . . Bd. 1149
II. Das westliche Mittelmeer. Mit 3 Textabb. und 7 Tafeln. 129 S. 1943 . . . . Bd. 1150

Römische Geschichte. I. Teil: Bis zur Schlacht bei Pydna. Von F. Altheim. 123 S. 1948 . . . . Bd. 19
II. Teil: Bis zur Begründung des Prinzipats. 141 S. 1948 Bd. 677

Zeitrechnung der römischen Kaiserzeit, des Mittelalters und der Neuzeit. Für die Jahre 1—2000 n. Chr Von H. Lietzmann. 2. Aufl. besorgt d. A. Hofmeister. 126 S. 1952. In Vorbereitung . . . . Bd. 1085

Quellenkunde der deutschen Geschichte im Mittelalter. (Bis zur Mitte des 15. Jahrh.) I. Einleitung. Allgemeiner Teil. Die Zeit der Karolinger. Von K. Jacob. 5. Aufl. 118 S. 1949 . . . . Bd. 279
II. Die Kaiserzeit (911—1250). 4. Aufl. 127 S. 1949 . . Bd. 280
III. Das Spätmittelalter (vom Interregnum bis 1500). Unter Verwendung des Nachlasses von K. Jacob. Herausgegeben von F. Weden. 152 S. 1952 . . . . Bd. 284

Von den Karolingern zu den Staufern. Die altdeutsche Kaiserzeit (900—1250). Von J. Haller. 3. Aufl. Mit 4 Karten. 141 S. 1944 . . . . Bd. 1065

Deutsche Geschichte im Zeitalter der Reformation, der Gegenreformation und des 30jährigen Krieges. Von F. Hartung. 129 S. 1951 . . . . Bd. 1105

Geschichte Englands. Teil I: bis 1815. Von H. Preller. 3., stark umgearbeitete Auflage. Mit 2 Karten. 135 S. 1952. In Vorbereitung . . . . Bd. 375

Geschichte der Mathematik. I. Von den Anfängen bis zum Auftreten von Fermat und Descartes. Von J. E. Hofmann. 199 S. 1952. In Vorbereitung . . . . Bd. 226

Geschichte der Chemie. Bd. I: Vom Altertum bis zur Entdeckung des Sauerstoffs. Von G. Lockemann. Mit 8 Bildnissen. 142 S. 1950 . . . . Bd. 264

Sprach- und Literaturwissenschaft

Indogermanisch / Germanisch

Indogermanische Sprachwissenschaft. Von H. Krahe. 2. Aufl. 134 S 1948 . . . . Bd. 59

Sanskrit-Grammatik. Von M. Mayrhofer. 89 S. 1952. In Vorbereitung . . . . Bd. 1158

Germanische Sprachwissenschaft. Bd. I: Einleitung und Lautlehre. Von H. Krahe. 2. Aufl. 127 S. 1948 . . . Bd. 238
Bd. II: Formenlehre. 2. Aufl. 140 S. 1948 . . . . Bd. 780

Altnordisches Elementarbuch. Schrifttum, Sprache, Texte mit Übersetzung und Wörterbuch. Von F. Ranke. 2., durchgesehene Aufl. 146 S. 1949 . . . . Bd. 1115

Deutsche Sprache und Literatur

Deutsche Wortkunde. Eine kulturgeschichtliche Betrachtung des deutschen Wortschatzes. Von A. Schirmer. 3. Aufl. 109 S. 1949 . . . . Bd. 929

Deutsches Dichten und Denken von der germanischen bis zur staufischen Zeit. (Deutsche Literaturgeschichte vom 5. bis 13. Jhdt.) Von H. Naumann. 2., verbess. Aufl. 166 S. 1952 . . . . Bd. 1121

Der Nibelunge Nôt. In Auswahl mit kurzem Wörterbuch. Von K. Langosch. 9., umgearbeitete Aufl. 163 S. 1952. In Vorbereitung . . . . Bd. 1

Deutsches Dichten und Denken vom Mittelalter zur Neuzeit. (1270—1700.) Von G. Müller. 2. Aufl. 159 S. 1949 Bd. 1086

Deutsches Dichten und Denken von der Aufklärung bis zum Realismus. (1700—1890.) Von K. Viëtor. 2. Aufl. 156 S. 1949 . . . . Bd. 1096

Englische Sprache / Romanische Sprache und Literatur

Altenglisches Elementarbuch. Einführung, Grammatik. Texte mit Übersetzung und Wörterbuch. Von M. Lehnert. 2., verbesserte und vermehrte Aufl. 176 S. 1950 Bd. 1125

Beowulf. Eine Auswahl mit Einführung, teilweiser Übersetzung, Anmerkungen und etymologischem Wörterbuch. Von M. Lehnert. 2., verbesserte Aufl. 135 S. 1949 Bd. 1135

Italienische Literaturgeschichte. Von K. Voßler. Unveränderter Nachdruck der 1927 erschienenen 4., durchgesehenen und verbesserten Aufl. 148 S. 1948 . . . Bd. 125

Griechisch / Lateinisch

Geschichte der griechischen Sprache. I. Bis zum Ausgang der klassischen Zeit. Von O. Hoffmann. 3., stark umgearbeitete Aufl. von A. Debrunner. 144 S. 1952. In Vorbereitung . . . . Bd. 111

Geschichte der griechischen Literatur. I. Von den Anfängen bis auf Alexander d. Gr. Von W. Nestle. 2., verbesserte Aufl. Neudruck. 148 S. 1950 . . . . Bd. 70
II. Von Alexander d. Gr. bis zum Ausgang der Antike. 2., verbesserte Aufl. 128 S. 1945 . . . . Bd. 557

Geschichte der lateinischen Sprache. Von F. Stolz. 3., stark umgearbeitete Aufl. von A. Debrunner. 136 S. 1952. In Vorbereitung . . . . Bd. 492

Orientalia / Russisch

Sanskrit-Grammatik. Von M. Mayrhofer. 89 S. 1952. In Vorbereitung . . . . Bd. 1158

Hebräische Grammatik. I. Band: Schrift-, Laut- und Formenlehre I. Von G. Beer. 2., völlig umgearb. Aufl. von R. Meyer. 157 S. 1952. In Vorbereitung . . . Bd. 763

Russische Grammatik. Von E. Berneker und M. Vasmer. 6., unveränderte Aufl. 155 S. 1947 . . . . Bd. 66

Erd- und Länderkunde

Kartenkunde. Von M. Eckert-Greifendorff. Durchgesehen von W. Kleffner. 3. Aufl. Mit 63 Abb. 149 S. 1950 . . Bd. 30

Australien und Ozeanien. Von H.-J. Krug. Mit 46 Skizzen. 176 S. 1952. In Vorbereitung . . . . Bd. 319

Wirtschaftswissenschaften / Gesellschaftskunde

Allgemeine Betriebswirtschaftslehre. Von K. Mellerowicz. 3 Bde. I = 142 S., II = 112 S., III = 141 S. 7. Aufl. 1952. . . . . Bd. 1008, 1153, 1154

Soziologie. Geschichte und Hauptprobleme. Von L. v. Wiese. 4. Aufl. 151 S. 1950. . . . . Bd. 101

Kolibri 360 GmbH
Ferdinand-Jühlke-Straße 7
99095 Erfurt, Deutschland
produktsicherheit@kolibri360.de